CÓMO DESCANSAR
EN LAS
promesas de Dios

Libros de Charles Spurgeon
publicados por Portavoz:

Apuntes de sermones

Cómo descansar en las promesas de Dios
(compilado por Jason K. Allen)

Cómo perseverar a través de las pruebas
(compilado por Jason K. Allen)

El poder de las Escrituras
(compilado por Jason K. Allen)

La prioridad de la oración
(compilado por Jason K. Allen)

Promesas y palabras de aliento para cada día

Solamente por gracia

C. H. SPURGEON

CÓMO DESCANSAR EN LAS
promesas de Dios

COMPILADO POR
JASON K. ALLEN

Editorial
PORTAVOZ

La misión de *Editorial Portavoz* consiste en desarrollar y distribuir productos de calidad —con integridad y excelencia—, desde una perspectiva bíblica y confiable, que animen a las personas a conocer y servir a Jesucristo.

This book was first published in the United States by Moody Publishers, 820 N. LaSalle Blvd., Chicago, IL 60610 with the title *Spurgeon on Resting in the Promises of God*, copyright © 2022 by Jason K. Allen. Translated by permission. All rights reserved.

Este libro fue publicado originalmente en los Estados Unidos por Moody Publishers, 820 N. LaSalle Blvd., Chicago, IL 60610 con el título *Spurgeon on Resting in the Promises of God*, copyright © 2022 por Jason K. Allen. Traducido con permiso. Todos los derechos reservados.

Edición en castellano: *Cómo descansar en las promesas de Dios* © 2023 por Editorial Portavoz, filial de Kregel Inc., Grand Rapids, Michigan 49505. Traducido con permiso. Todos los derechos reservados.

Traducción: Ricardo Acosta
Diseño interior: Kent Jensen
Cover illustration of Charles Spurgeon copyright © 2015 by denisk0/iStock (484302822). All rights reserved.

Ninguna parte de esta publicación podrá ser reproducida, almacenada en un sistema de recuperación de datos, o transmitida en cualquier forma o por cualquier medio, sea electrónico, mecánico, fotocopia, grabación o cualquier otro, sin el permiso escrito previo de los editores, con la excepción de citas breves o reseñas.

A menos que se indique lo contrario, todas las citas bíblicas han sido tomadas de la versión Reina-Valera © 1960 Sociedades Bíblicas en América Latina; © renovado 1988 Sociedades Bíblicas Unidas. Utilizado con permiso. Reina-Valera 1960™ es una marca registrada de American Bible Society, y puede ser usada solamente bajo licencia.

El texto bíblico indicado con "NVI" ha sido tomado de la Santa Biblia, NUEVA VERSIÓN INTERNACIONAL®, © 1999, 2015 por Biblica, Inc.® Reservados todos los derechos en todo el mundo.

El texto bíblico indicado con "NBV" ha sido tomado de la Nueva Biblia Viva, © 2006, 2008 por Biblica, Inc.® Reservados todos los derechos en todo el mundo.

Las cursivas añadidas en los versículos bíblicos son énfasis del autor.

EDITORIAL PORTAVOZ
2450 Oak Industrial Drive NE
Grand Rapids, MI 49505 USA
Visítenos en: www.portavoz.com

ISBN 978-0-8254-5011-2 (rústica)
ISBN 978-0-8254-7033-2 (epub)

1 2 3 4 5 edición / año 32 31 30 29 28 27 26 25 24 23

Impreso en los Estados Unidos de América
Printed in the United States of America

Con afecto cristiano, este libro está dedicado a Hilary Spurgeon, Richard Spurgeon y Tim y Susan (Spurgeon) Cochran. En el linaje del gran hombre, ellos han llegado a ser amigos de la Biblioteca Spurgeon. Nos han bendecido con sus objetos, su presencia y su amistad. Que las convicciones de Charles Spurgeon vivan por medio de ellos, y de sus herederos, para las generaciones venideras.

Contenido

Introducción 9
1. El arco iris 13
2. Una promesa refrescante 33
3. Obtención de promesas 45
4. Descanso, descanso 61
5. ¡Confía en Él! ¡Confía en Él! 81
6. Dulce paz para creyentes probados 99
7. Un remedio para la ansiedad 115
8. Bendición de plena seguridad 135

Agradecimientos 159

Introducción

POR JASON K. ALLEN

EN LOS DOS mil años de historia cristiana, ciertos nombres han adquirido un carácter inmortal. Generación tras generación, siglo tras siglo, estos nombres permanecen con nosotros. Su legado perdura y, con cada generación que pasa, inspiran a la próxima a defender la fe, servir a la iglesia y cumplir la Gran Comisión.

En la era patrística, Agustín y Atanasio se destacaron por sus enunciados y sus defensas trinitarias y cristológicas. En la época de la Reforma, Juan Calvino y Martín Lutero sobresalieron por haber recuperado las Escrituras e incluso el evangelio mismo.

Más cerca de nuestra época, Jonathan Edwards y George Whitefield impulsaron el Gran Despertar, ganándose una posición incuestionable como grandes cristianos. De igual manera, William Carey, Adoniram Judson y Luther Rice lideraron el movimiento misionero moderno, de ahí que se les elogie como corresponde.

Estos personajes, y muchos otros como ellos, demostraron ser titanes en servir a la causa de Cristo en formas monumentales. Existen motivos para que cada uno de ellos aparezca en el monte Rushmore del cristianismo.

Charles Spurgeon también se ha ganado esa posición. El predicador británico pastoreó la iglesia más grande (Metropolitan Tabernacle) en la ciudad más grande (Londres), ubicada dentro del mayor imperio mundial en ese tiempo, el Reino Unido. Spurgeon fue el hombre correcto, en el lugar correcto, en el momento correcto. Spurgeon emergió a la escena nacional en Gran Bretaña siendo todavía un predicador adolescente. Sin aún haber cumplido treinta años, era el predicador más conocido en Inglaterra y rápidamente en todo el mundo.

Spurgeon predicaba hasta diez veces por semana, pastoreó la mayor congregación de Inglaterra (y posiblemente del mundo), e inició más de sesenta ministerios, entre ellos una universidad de pastores e importantes orfanatos. Adicionalmente, publicó ciento treinta y cinco libros, y sesenta y tres volúmenes de sermones, al mismo tiempo que hacía transcribir sus sermones semanales y enviarlos por todo el mundo. Spurgeon sigue siendo uno de los cristianos más leídos de todos los tiempos.

¿Qué hizo a Spurgeon tan convincente, su ministerio tan extenso y su reputación tan perdurable? Sus observadores, tanto de su época como de la actual, han señalado sus dones. Y, sin duda alguna, Dios dotó a Spurgeon en maneras tan extraordinarias que su mente era deslumbrante, su voz poderosa, su imaginación encantadora, su nivel de energía inagotable y su audacia incuestionable.

A menudo, Spurgeon insistió en el poder de las Escrituras y el ministerio del Espíritu Santo. Sin embargo, la mayoría de veces indicó que la oración era el secreto de su éxito ministerial, en especial, las oraciones de los miembros de su iglesia.

No obstante, hay otro factor que contribuyó a la fortaleza espiritual y la solidez ministerial del extraordinario predicador: su determinación que se expresaba en una firme confianza en las promesas de Dios. Este predicador descansaba en las promesas divinas.

Para Spurgeon, los interrogantes fundamentales de la vida y el

INTRODUCCIÓN

ministerio estaban resueltos. Es frecuente que tales interrogantes mantengan despiertos a los cristianos durante la noche y hagan que los ministros duden de su llamado ministerial. ¿Podía Spurgeon estar seguro de su salvación? Absolutamente. ¿Podía consolarse en el poder de las Escrituras? Sin duda alguna. ¿Podía depender en el ministerio del Espíritu Santo? Por supuesto. ¿Podía descansar en la soberanía absoluta de Dios en los asuntos de los hombres y por tanto confiar en Él? Sin la menor duda.

Este es el Dios de las Escrituras, y es el Dios que Spurgeon nos presenta en este libro. Tal como él solía expresar: «Dios promete cuidar a su pueblo, y cumplirá sus promesas».[1] Ojalá leas este libro y, ya sea en buenos o malos tiempos, descanses en las promesas de Dios que irás descubriendo a medida que lo estudias.

---

1. Esta cita se le atribuye comúnmente a Charles Spurgeon, pero el origen se desconoce.

1

El arco iris

RESUMEN:
Tal como el arco iris representa un pacto de gracia que es eterno, así es el pacto entre Dios y el hombre en la persona de Jesucristo. Cristo es para nosotros la señal del pacto, un recordatorio para los elegidos de que Dios los ha salvado. Él es mucho más que el arco iris, ya que Jesús está eternamente entronizado como el mediador del más grande pacto de gracia.

CITAS DESTACADAS:
«Él les dio un pacto: un pacto adornado con un símbolo divino y ratificado con su propia firma estampada en todos los colores de la belleza».

«Y así, cuando Dios hizo un pacto con Cristo, no se trataba de: "Salvaré a mi pueblo si ellos hacen esto", sino: "Los salvaré" y "ellos serán salvos", desde el primero hasta el último».

«Dios nunca le ha fallado a su pueblo, ni ha desechado a sus escogidos; ninguna promesa ha dejado de cumplirse y ninguna palabra ha dejado de ser fiel».

1

El arco iris

Estará el arco en las nubes, y lo veré, y me acordaré del pacto perpetuo entre Dios y todo ser viviente, con toda carne que hay sobre la tierra.

GÉNESIS 9:16

LA HISTORIA DE la preservación de Noé en el arca es una representación indicativa de la salvación por parte de nuestro Señor Jesucristo. Creemos que su intención especial es representar esa parte de nuestra salvación que se encuentra en el lavamiento de la regeneración. Del mismo modo que el bautismo es el símbolo externo de la regeneración, así también lo es el arca, «en la cual pocas personas, es decir, ocho, fueron salvadas por agua» (1 P. 3:20). El arca fue sepultada en esas terribles lluvias y espantosas cataratas que inundaron la tierra, y la familia de Noé quedó sepultada en esa arca para todo el mundo. Pero mediante esta sepultura salieron luego flotando del antiguo mundo condenado hacia la nueva creación de vida y gracia. Muerte para el mundo y sepultura en el arca fueron los medios que guardaron la seguridad de Noé.

El apóstol Pedro afirma: «El bautismo que corresponde a esto ahora nos salva (no quitando las inmundicias de la carne, sino como la aspiración de una buena conciencia hacia Dios) por la resurrección de Jesucristo» (1 P. 3:21). El bautismo es una representación muy significativa de la regeneración, pero en ningún sentido es la causa del nuevo nacimiento. El bautismo no salva a nadie excepto, como Pedro declara, en forma figurada; pero como representación, está eminentemente repleto de enseñanza divina. El bautismo establece la gran verdad de que el creyente, al encontrarse hoy día en el antiguo mundo, está sepultado a ese mundo. Su resurrección de la tumba líquida es la imagen de su resurrección en Cristo hacia una nueva creación como un nuevo hombre, «a fin de que como Cristo resucitó de los muertos por la gloria del Padre, así también nosotros andemos en vida nueva» (Ro. 6:4). Quiera Dios que pensemos más en estar muertos con Cristo, sepultados con Él y en ser resucitados con Él.

¿No crees, querido amigo, que la historia de Noé puede considerarse típica e instructiva? Noé salió del arca; ya no se hallaba encerrado y acorralado dentro de esos estrechos límites. Caminó por el mundo, y el mundo entero estaba a su disposición. ¿No es esa una imagen de la libertad del cristiano que ha sido «sepultado con Cristo» y que disfruta la posesión del Espíritu libre de Dios? Para el creyente, no hay espíritu de esclavitud; es libre como un niño en la casa de su padre. Todo le pertenece, como dádiva de Dios, para que lo use y disfrute; ha aprendido a utilizar la libertad con la que Cristo nos hace libres, y si el Hijo nos hace libres, somos realmente libres.

Cuando Noé sacrificó el becerro y los demás animales, y los ofreció sobre el altar, ¿no mostró el quehacer del creyente? Porque también ofrecemos sacrificios aceptables de oración y alabanza a Dios, y nosotros mismos somos sacrificios vivos para Dios. ¿Acaso no afirmó a todas las generaciones de los santos: «Ustedes, al ser así librados de una muerte que merecen, deben vivir como sacerdotes para su

EL ARCO IRIS

Dios»? Cuando el Señor se agradó ese día en bendecir a Noé y su familia, ordenándoles que fueran fructíferos, ¿no describió la fecundidad que pertenece a los creyentes, para que, al morar en Cristo, lleven «mucho fruto»? ¿No nos enseña tal bendición con qué fervor debemos procurar ser espiritualmente los padres de almas inmortales, sufriendo dolores de parto hasta que Cristo sea formado en ellas?

Cuando el Padre divino les concedió dominio sobre las aves, los peces y todo el ganado, ¿no describe esto el poder que los creyentes tienen sobre la lujuria, el pecado y la maldad? ¿Y no se profetizó el sometimiento de todas las cosas por el poder de la fe que hay en ellos, de modo que los que lleguen a ser «sacerdotes» en sacrificio se conviertan también en «reyes» en virtud de la carta de dominio que el Padre celestial les otorga?

Cuando Dios permitió consumir carne, ¿no estableció tal comida en la que los verdaderos creyentes nos nutrimos al comer la carne y beber la sangre de Cristo, el cual se ha convertido en el alimento espiritual de nuestras almas? ¿Estoy forzando la alegoría si cierro estas espiritualizaciones observando que la seguridad que Dios proporcionó entonces a Noé y sus descendientes es esa misma seguridad bajo la cual estamos? Él les dio un pacto: un pacto adornado con un símbolo divino y ratificado con su propia firma estampada en todos los colores de la belleza. Nosotros también estamos bajo un pacto que tiene su propio testigo fiel en el cielo, más transcendentalmente ilustre y hermoso que el arco iris: la persona de Cristo Jesús nuestro Señor.

> Él les dio un pacto: un pacto adornado con un símbolo divino y ratificado con su propia firma estampada en todos los colores de la belleza.

Sin embargo, dejando todos esos puntos, llegamos a este: tenemos razones bíblicas que nos aseguran que el mundo ya no será otra vez destruido por un diluvio. Esta promesa es típica de un pacto aún más antiguo que Dios hizo con Cristo, según el cual Él sería un Dios para los israelitas, y ellos deberían ser sus elegidos para todo el mundo, como vemos en Isaías 45. Entonces, el pacto de Noé es típico del gran pacto hecho con Cristo a favor de su pueblo; y el arco iris, como un símbolo del pacto con Noé, es típico de nuestro Señor Jesús, quien es el testigo de Dios para el pueblo.

Apocalipsis 4:3 nos informa que «había alrededor del trono un arco iris», mostrando que el arco no es un símbolo temporal solo para la tierra; es un símbolo de las cosas eternas y celestiales. En Apocalipsis 10 descubrimos que al poderoso ángel con el libro en la mano derecha, quien pondrá un pie sobre el mar y el otro sobre la tierra, se le describe con la cabeza coronada con un arco iris. En este lugar, nuestro Señor Jesucristo, en calidad de mediador, lleva el símbolo del pacto sobre la frente. En el otro pasaje se representa a nuestro Señor como Rey que está sentado en el trono, rodeado de las insignias del pacto de gracia que rodea ese trono. Así que la majestad, el poder y la gracia del Señor no se hacen evidentes, excepto en forma de pacto y, después de una especie de pacto, puesto que el arco iris debe salir antes que los rayos brillantes del poder y amor del Señor puedan alcanzar a los humanos.

Esto nos lleva ahora al centro de nuestro discurso. Tenemos que hablar de dos aspectos (el significado del pacto y la señal del pacto) que funcionan en paralelo todo el tiempo entre los dos pactos. El significado del pacto de Noé es el mismo del pacto de gracia, tal como el arco iris representa, y en cierto sentido también es, la señal del pacto de gracia.

EL ARCO IRIS

¿CUÁL ES SU SIGNIFICADO?

Este es un pacto de pura gracia. No había nada en Noé que llevara a Dios a hacer un pacto con él. Noé era un pecador y, pocos días después, demostró serlo de la manera más impactante. Fue uno de los mejores hombres, pero los mejores hombres no son más que simples hombres que no pueden exigir el favor de Dios. Noé fue salvo por fe, como el resto de nosotros debe serlo, y todos sabemos que la fe es incompatible con cualquier pretensión de mérito. Al menos a uno de los hijos de Noé se le debe considerar como un pecador declarado y desinhibido, y no pudo haber ningún motivo para que Dios hiciera un pacto con él. No tenemos razón para imaginar que Noé buscara alguna vez este pacto. Es verdad que ofreció un sacrificio, pero no sabemos si se atrevió a pensar en la idea de que Dios se comprometería con él a no destruir la tierra.

Imaginamos que la primera nube que apareció en el cielo pudo haber hecho sobresaltar al patriarca, y que la primera gota de agua que cayó le echaría a perder su comodidad. Como predicador de justicia, comprendía muy bien que por razones de justicia no tenía ningún derecho sobre el Dios santísimo, y no se aventuraría a reclamar ningún mérito propio. Pero, por puro favor, así como de la ladera de la montaña brota libremente el manantial resplandeciente sin acción ni participación del hombre, así este pacto de generosa misericordia brotó espontáneamente del desbordante, siempre generoso y amoroso corazón de Dios.

Ciertamente, así ocurre con ese pacto mayor, porque este fue hecho con Cristo y, como no había hombres que suplicaran, no pudo deberse a la intercesión de estos. Como no había hombres que merecieran algo, el pacto no podía comprarse con lo que ellos valieran; y como la presciencia divina sabía bien que el hombre sería perverso, ningún presagio de bondad humana pudo haberlo sugerido. Y, sin embargo, así como el Señor clemente afirma que de quien quiere, tiene misericordia, y que su corazón se hinchará como el mar profundo con mareas crecientes de amorosa compasión, igualmente se agradó en herir a Cristo, nuestro pacto y espíritu vivificante, para por gracia y solo por gracia comprometerse con Él a nuestro favor. Observamos que el pacto fue totalmente de promesa. Al leer los versículos del pacto con Noé, nos sorprende encontrar una y otra vez «yo establezco», «he puesto», «será», «sucederá», «me acordaré». Aquel que conoce la diferencia entre «harás» y «haré» es un buen teólogo. El antiguo pacto de obras es «tú harás»: «No cometerás adulterio; no matarás; no hurtarás». La muerte siempre nos llega por ese pacto de mandamientos, pero el nuevo pacto es «yo haré», y la vida nos llega por sus promesas. El pacto de gracia dice así: «Esparciré sobre vosotros agua limpia, y seréis limpiados de todas vuestras inmundicias; y de todos vuestros ídolos os limpiaré» (Ez. 36:25). Si hay un «tú harás», no es a modo de mandato sino de promesa. «Haré esto» y «tú harás aquello». Ah, querido amigo, nuestro corazón se regocija al pensar en tan potentes propósitos y promesas (esos pilares inamovibles que la muerte y el infierno no pueden estremecer), los propósitos y las promesas de un Dios que habla y se cumple lo que dice, que ordena y permanece firme lo que proclama. No veo allí un «sí» condicional ni un «pero», y ni siquiera la sombra de un fantasma. Todo es: «Yo haré», «yo haré», «yo haré», de principio a fin. Y así, cuando Dios hizo un pacto con Cristo, no se trataba de: «Salvaré a mi pueblo si ellos hacen esto», sino: «Los salvaré» y «ellos serán salvos» desde el primero hasta el último.

El apóstol Pablo es muy claro en esto. En esa bendita epístola a los Gálatas, llama a esto un pacto de la promesa y hace la diferencia entre Ismael, «el hijo de la esclava» según la naturaleza y las obras,

EL ARCO IRIS

e Isaac, el hijo de la promesa y el regalo de Dios, por encima de la naturaleza. Tú y yo no estamos hoy día bajo un pacto que exija algo de nosotros: favores incondicionales o misericordias ilimitadas, aseguradas a todos los descendientes mediante el juramento y la promesa, ¡la disposición y la voluntad de Dios!

Además, este pacto se ha cumplido fielmente hasta ahora. Se me alegró el corazón al reflexionar en este asunto y recordar que, aunque dependo de la fidelidad del pacto, no me encuentro solo en esa sumisión, porque todo ser vivo sobre la faz de la tierra vive como resultado del pacto inmutable de Dios. Los compromisos del pacto preservan al mundo de diluvios; de no ser por ese pacto, las cimas de los montes podrían estar cubiertas mañana. La permanencia de un pacto es muy segura, pues en estos miles de años el mundo no ha sido destruido por un diluvio. Según el testimonio de los mismos burladores, desde que los primeros padres murieron, la tierra que está en el agua y fuera del agua sigue siendo la misma, y así también ocurre con el pacto de gracia. Nunca ha sido removido o alterado, ni se han incumplido sus promesas. ¡Oh, Santo, tú moras en tabernáculos que nunca serán derribados! Dios nunca le ha fallado a su pueblo, ni ha desechado a sus escogidos; ninguna promesa ha dejado de cumplirse y ninguna palabra ha dejado de ser fiel.

Amado, respecto del pacto de Noé y del pacto de gracia, se puede afirmar que en ningún grado dependen del ser humano. El arco está puesto en las nubes, pero no se dice: «Cuando mires el arco iris y recuerdes mi pacto, entonces no destruiré la tierra»; tampoco está gloriosamente colocado sobre nuestra memoria, que es voluble y frágil, sino sobre la memoria de Dios, que es infinita e inmutable. «El arco iris estará en las nubes, y yo lo veré para recordar el pacto eterno». ¡Vaya! No es que yo me acuerde de Dios; es que Él se acuerda de mí. No es que yo me aferre a su pacto, sino que su pacto se aferra a mí. ¡Gloria a Dios! Incluso la reminiscencia del pacto no queda en nuestros recuerdos, porque podemos olvidar, pero nuestro Señor no puede olvidar, ni se olvidará de los santos, a quienes tiene grabados en las palmas de sus manos.

Él está hoy día con nosotros como estuvo con Israel en Egipto. Allí, la sangre estaba en el dintel y en los dos postes, pero Dios no declaró: «Cuando ustedes vean la sangre, yo pasaré de largo», sino: «Cuando yo vea la sangre, pasaré de largo». El hecho de que yo mire a Jesús me produce gozo y paz, pero el hecho de que Dios mire a Jesús asegura mi salvación y la de todos sus elegidos. Porque es imposible que nuestro Dios mire a Cristo y luego esté furioso con nosotros por los pecados ya castigados en Cristo. No, querido amigo, ni siquiera depende de nosotros que nos salvemos al recordar el pacto. Ni un solo hilo de la existencia estropea la tela. Aquí tenemos el oro puro, sin un átomo de aleación. No se trata del individuo, ni depende de este, sino solo del Señor. Debemos recordar el pacto, y lo haremos, por la gracia divina, pero el meollo del asunto no yace allí; se trata de que Dios nos recuerda, no de que nos acordemos de Él.

De ahí que, por todas estas razones, este sea un pacto eterno. Dios ha establecido para siempre este pacto en el cielo. E incluso el pacto de gracia no está destinado a ser efímero y temporal. Por si te concierne hoy día, «es el mismo ayer, y hoy, y por los siglos» (He. 13:8). Si el pacto te bendice en este momento, te bendecirá en la vejez, en caso de muerte, en la resurrección y por toda la eternidad. Ningún tiempo puede cambiar una de las estipulaciones del pacto. Puedes recorrer los siglos y volar por las edades hasta la eternidad, pero no podrás descubrir algo como el cambio o el incumplimiento de un solo artículo del pacto de gracia; sus jotas y sus tildes son seguras para toda la simiente.

Quiera Dios que tú y yo estudiemos más la doctrina de este

pacto de gracia. Nuestros antepasados puritanos predicaron mucho al respecto. Aquellos teólogos escoceses, que fueron un segundo grupo de puritanos, se preocupaban siempre por los pactos. No es muy probable que aquel que estudia las doctrinas del pacto tenga confusiones en su ministerio o predique un evangelio de sí y no.

Mi querido amigo, cuando pienses en el pacto de la ley y el pacto de la gracia, y recuerdes que se oponen entre sí, debe surgir forzosamente delante de ti el hecho de que podemos dirigir el evangelio hacia el pecador como pecador, sin un ataque de su parte; de que podemos seguir creyendo en el amor de Dios por los santos, aunque hayan pecado; y de que, a pesar de todo el mal comportamiento de cualquiera de los escogidos, su salvación nunca está en peligro, nunca está en riesgo, en lo que respecta a la voluntad y al poder de Dios. Aquel que juró salvarlos, y los amó en Cristo y les ha dado fe, con toda seguridad los salvará y los llevará a la gloria. La tierra será destruida con agua mucho antes que uno de los elegidos de Dios sea condenado. Sabemos que será destruida por fuego, pero cuando «los montes se moverán, y los collados temblarán» (Is. 54:10), el pacto de su gracia seguirá en pie, y Él se acordará de todos aquellos que tengan interés en ese pacto.

¿CUÁNDO VEREMOS LA SEÑAL DEL PACTO?

En lo que concierne a Dios, el pacto no necesita señal; las señales se nos dan debido a nuestra pequeñez de corazón, a nuestra incredulidad, a nuestro constante olvido de la promesa de Dios. El arco iris es el símbolo del pacto de Noé, y Jesucristo, quien es el pacto, también es para nosotros un símbolo de ese pacto. Él es el testigo fiel en el cielo.

Observemos cuándo podemos esperar ver la señal del pacto.

El arco iris solo se ve dibujado sobre una nube. No esperemos señales, excepto cuando las necesitemos. Cuando pueda, el Señor Jesús nos confiará a nuestra fe; porque en general para nosotros es más saludable y más fortalecedor que andemos por fe, no por vista (2 Co. 5:7). Las señales son ayudas para nuestra infancia; pero serían innecesarias para nosotros como seres maduros. Para los hombres cuya fe está en orden vigoroso, las señales son como muletas para un individuo que no es cojo, o como lentes para aquellos cuya vista es perfecta.

El Señor se complace en dar señales cuando estas son deseadas, y por eso las da, como da el arco iris, si hay una nube. Cuando la mayor nube que alguna vez hubo sobre la tierra cubrió de tinieblas el Calvario, cuando el sol mismo sufrió un eclipse, cuando el pecado humano y la ira divina ocasionaron una tempestad tan tenebrosa y terrible que toda la tierra se espantó, entonces, sobre esa nube oscura se dibujó el arco iris, porque Jesús fue levantado y, en medio de esa espesa penumbra, Él —la expiación y la redención— se ofreció a sí mismo y derramó su propia sangre.

Cuando la conciencia del pecador está cargada de nubarrones tenebrosos, cuando recuerda su pecado pasado, cuando llora y se lamenta delante de Dios, Jesucristo se le revela como el arco iris del pacto, declarando paz. Y cuando las pruebas envuelven al creyente, cuando las tentaciones lo acosan, cuando los espíritus lo deprimen, entonces es dulce contemplar la persona de nuestro Señor Jesucristo —el arco iris de Dios— colgando sobre la nube de todos nuestros pecados, nuestras penas y nuestros males. Creyente, cuando estemos en medio de una nube, busquemos una señal y no estemos satisfechos sin ella. Corramos presurosos hacia la roca de nuestra salvación y supliquémosle que nos dé una visión reconfortante de Jesús, quien volverá a ser el pacto para nuestras almas.

EL ARCO IRIS

Una nube, por sí sola, no produce un arco iris; debe haber lluvia. No puede haber arco iris a menos que haya gotas cristalinas que reflejen la luz del sol. Entonces, amado, nuestros pesares no solo deben amenazar, sino que deben caer realmente sobre nosotros. No hubiera existido Cristo para nosotros si la venganza de Dios hubiera sido tan solo una nube amenazante; debió caer en forma de terribles gotas sobre Él. Cristo, quien presenta al mismo tiempo la venganza y el amor de Dios, no habría venido a nosotros a menos que hubiera habido una verdadera venganza y un verdadero castigo para el pecado. A menos que haya una verdadera angustia en la conciencia del pecador, no hay Cristo para él, y a menos que el castigo que sientes se haga doloroso para ti, no puedes esperar ver a Jesucristo. Puede ser que algunos de nosotros solo tengamos visiones superficiales de Cristo, y que pocos recibamos visitas de su parte, porque tenemos muy pocos problemas; y la razón de que la mayoría de los santos en estos días no vivan tan cerca de Jesús, como solían hacerlo en los siglos pasados, podría deberse a que no tenemos muchas de esas lluvias de persecución que caían en ese tiempo. Debe haber gotas de lluvia, o de lo contrario no habrá arco iris; debe haber lluvias de venganza que caigan de lo alto, o de lo contrario no se podrá ver a Cristo.

Sin embargo, también debe haber sol; porque las nubes y las gotas de lluvia no producen arco iris a menos que el sol brille. Amado, nuestro Dios, quien es como el sol para nosotros, siempre brilla, pero no siempre lo vemos. Nubes ocultan su rostro, pero sin importar las gotas que caigan o las nubes que amenacen, si Él brilla, habrá un arco iris de inmediato. Cuando «el amor de Dios ha sido derramado en nuestros corazones por el Espíritu Santo que nos fue dado» (Ro. 5:5), cuando podemos exclamar: «¡Abba, Padre!» (Ro. 8:15), y el amor y la paz de un Padre se exhalan sobre nosotros, entonces vemos a Jesucristo; contemplamos al Padre en la persona de su Hijo. Se dice que, cuando vemos el arco iris, esa lluvia particular se acaba. Cierto es que, cuando Cristo viene, nuestras confusiones terminan; cuando contemplamos a Jesús, nuestros pecados desaparecen; nuestras dudas y nuestros temores se desvanecen ante su mandato. Cuando Él camina sobre las aguas del mar, habrá calma. Pero otros afirman que el arco iris es el arco de lluvia y que anuncia mal clima. Es probable que esto sea igualmente cierto. Sin duda, cada vez que recibes una muestra de amor de parte de Cristo puedes esperar algún problema, porque Él lleva a su pueblo a la casa del banquete, ya sea antes de una batalla o después de ella. Melquisedec salió a encontrarse con Abraham cuando todos los reyes habían sido sacrificados; pero a veces, nuestro Melquisedec trae el pan y el vino justo antes que la batalla comience. No debemos vivir siempre de muestras de amor; nuestro amado Jesús prefiere hacernos vivir por simple fe, por lo cual andamos en tinieblas y no vemos la luz.

Sin embargo, el arco iris resulta ser una vista encantadora, y una visión de Jesús es penetrante y transportadora, pero no puedes esperar verlo a menos que sea cuando la tormenta haya terminado, cuando otra tormenta se acerca, cuando la nube esté allí, cuando las gotas estén cayendo, o la luz del rostro de Dios esté brillando especialmente sobre ti.

¿QUÉ VEMOS EN NUESTRO TESTIGO DEL PACTO EN EL CIELO?

Vemos en Él lo que vemos en el arco iris: gloria y belleza transcendentes. Podríamos pararnos a contemplar el arco iris con asombro y admiración, sin cansarnos nunca. No sé si has observado pinturas del arco iris, ¿has visto alguna vez una buena? ¿Verás alguna vez una buena? El arco iris no se puede pintar; es imposible. Hay tal fusión y mezcla de colores que el arte humano nunca podrá rivalizar con el arte de Dios. El Maestro pintor, con la nube negra como su paleta y los rayos del sol como su lápiz, pinta de tal manera que ningún artista puede competir con Él. Pero ¿compararé a mi Señor Jesús con el arco iris? Le haría una injusticia. Nunca has visto, y nunca verás, una imagen de su rostro que te satisfaga. Los maestros pueden pintar a Judas; hay algunos rostros buenos de Pedro; hay agradables imágenes de Juan; pueden pintar a María Magdalena, pero nunca a Jesucristo. Ningún artista que haya existido puede captarle la expresión del rostro, mucho menos estamparlo en un lienzo. Y, en cuanto a la belleza del carácter de Jesús, ¿no deberíamos exclamar igual que la esposa en Cantares: «He aquí que tú eres hermoso» (Cnt. 1:16)?

El arco iris ha sido reconocido por poetas y trovadores antiguos como un mensajero designado de Dios. Homero lo llama «el mensajero de los dioses», y las antiguas mitologías lo describen como Iris, el mensajero de Juno. No sabían quién lo había enviado, ni qué misión vino a cumplir, pero lo reconocían como un embajador divino. Y, sin duda, así es Cristo, el mensajero del pacto en quien nos deleitamos, el gran embajador de Dios, quien es «nuestra paz», «el Deseado de todas las naciones», quien vendrá y será aclamado como «Rey de reyes y Señor de señores». ¡Oh, bendito arco iris! ¡Jesús! ¿Cuándo contemplarán tu hermosura los ojos mortales? ¿Cuándo se postrarán ante ti todos los reyes, y te entregarán sus cetros y sus coronas?

En el arco iris y en Cristo veo venganza satisfecha. ¿No es el arco un símbolo del poder del guerrero? Con flechas de largo alcance tira de la cuerda y, ¡ay de sus enemigos! Pero, cuando un héroe cuelga su arco en la pared, ¿no significa que la guerra concluyó y la paz se ha proclamado? Cuando afloja el arco y lo deja sin la cuerda y sin flecha, significa que no saldrá más a cazar a sus adversarios; su flecha ya no «se embriagará de la sangre de sus enemigos». Hace a un lado el arco, lo cuelga en lo alto y lo deja sin cuerda y sin flecha. Así sucede con el arco iris. Sigue siendo un arco, es verdad, pero colgado, un arco sin cuerda ni flecha. Y así es Cristo, el arco de Dios. Jesús, la flecha de Dios, la saeta pulida en la aljaba del Altísimo. Pero ahí lo veo: un arco todavía, poderoso para destruir, pero sigue siendo un arco sin cuerda. Se despojó de ella cuando vino del cielo a la tierra y dormitó en el pesebre. ¡Un arco sin flecha! Amado, Cristo es la venganza satisfecha. Esas heridas, esas joyas resplandecientes y bruñidas de sus manos, indican que Dios no exige más del hombre.

Una vez más, el arco iris es una muestra de que la venganza en sí se ha puesto de nuestra parte. Mira, el «arco» sigue intacto. Él no lo rompió contra su rodilla. Sigue siendo un arco. La venganza está allí, la justicia está allí, pero ¿hacia dónde apunta? Hacia arriba, no para disparar flechas sobre nosotros, sino que está allí por nosotros, si tenemos suficiente fe para tensarlo y convertirlo en nuestro Arco glorioso que estiramos con todas nuestras fuerzas y así enviamos nuestras oraciones, nuestras alabanzas y nuestros anhelos a las alturas, al trono de Dios. Poderoso es aquel hombre, omnipotente es su fe, que tiene el poder para tensar ese arco y disparar sus oraciones hacia el cielo.

Aún más, ya que este no es un arco negro, ni rojo sangre, sino que está pintado con los colores de la festividad y el deleite, me parece como si el cielo colgara sus guirnaldas de gozo, mientras los ángeles cantan: «¡Gloria a Dios en las alturas, y en la tierra paz, buena voluntad para con los hombres!» (Lc. 2:14). Ellos sacan los carteles en sus estandartes de gloria y los cuelgan en el cielo. El cielo exhibe sus gloriosos estandartes para mostrar que Dios está completamente satisfecho con Cristo y en paz con el hombre, que Él se alegra con la alegría humana y se regocija en el júbilo del ser humano. Creyente, levanta la mirada hacia la persona de Cristo, contempla el gozo de Dios, y tu alma se llenará de éxtasis y deleite.

En el arco iris vemos el color exclusivo de la luz —que a nosotros nos parece blanco—, fragmentado, interrumpido, refractado, distribuido, mezclado, armonizado, liberado en todos sus elementos distintos. No hay duda de que existen más colores en la luz de los que nuestros ojos alguna vez han visto. El espectro del ojo solo puede abarcar cierta cantidad de colores, pero existen otros por debajo del inferior y por encima del superior. Hay infinitamente más en Dios de lo que tú y yo jamás podremos ver. Una de las mejores vistas de la luz, disuelta y analizada, es la que tenemos en el arco iris. Allí vemos los colores dispuestos en su orden correcto y podemos observar cómo el rojo se funde en el anaranjado, el anaranjado en el amarillo, el amarillo una vez más en el verde, el verde en el azul, el azul en el índigo y el violeta. Allí se encuentran todos, ninguno fuera de lugar, ninguno olvidado.

El carácter de Dios es uno, igual que su esencia. Sin embargo, para nosotros, a fin de que podamos interpretarlo, debe estar desarticulado, pero sin perder la armonía. Aquel que ha visto a Cristo «ha visto al Padre», y quien ve el arco iris ve la «Luz», Cristo y el Padre: la justicia de Dios fundiéndose y mezclándose en su verdad; la verdad de Dios mezclándose en su misericordia; esa misericordia fundiéndose en su amor; ese amor en contacto con su fidelidad. Y así, cada atributo al lado de su primo hermano, todos ellos absolutamente necesarios para completar la gloria de ese arco, y cada uno de ellos puesto necesariamente en su lugar apropiado para hacer del arco una armonía y una música de colores.

Amado, así es Jesucristo. Si pudiéramos entenderlo, no podríamos equivocarnos respecto a Dios. En Jesús veo una justicia roja como la sangre, una justicia tan feroz como si no hubiera compasión; ¡pero qué amor veo también! ¡Qué amor ilimitado! Todo está claramente allí. ¡El todo de Dios está descrito en Cristo! Y, sin embargo, te advierto que no podemos ver la totalidad de Dios, nunca en esta vida. Podemos decir sin ningún esfuerzo que lo más que podemos ver alguna vez, incluso en Cristo, según se nos ha revelado, es solo un glorioso semicírculo de la verdad, un arco, como una escalera divina, por la cual podemos subir hasta la majestuosidad misma de Dios. Pero allí hay otra mitad que tú y yo no hemos visto, y que no veremos hasta que lleguemos al trono de Dios. Además, ese arco iris que está en el cielo difiere de los nuestros; pues el de allí es «semejante en aspecto a la esmeralda» (Ap. 4:3). El verde predomina. El suave brillo de la misericordia de Dios, y su amor, parecerán triunfar sobre el jaspe y el zafiro ardientes de su justicia.

¿CÓMO DEBEMOS ACTUAR CON RELACIÓN A JESUCRISTO?

En primer lugar, actuemos como niños pequeños, quienes corren aplaudiendo con alegría: «Papá, ¡afuera hay un arco iris!». Salen corriendo a mirarlo y se preguntan si podrán encontrarle el final. Ellos desearían que les permitieras correr hasta poder alcanzarlo. Miran, miran, miran y miran, y cuando la lluvia empieza a amainar y el arco iris se extingue, se quedan muy tristes por haber perdido la espléndida visión.

EL ARCO IRIS

Amado, seamos niños. Siempre que pensemos en Cristo seamos niños pequeños, y miremos, miremos y miremos una y otra vez; y anhelemos llegar a Él porque, a diferencia del arco iris, podemos llegar a Cristo. Te recomiendo que sigas ese arco iris divino hasta llegar a sus pies y abrazarlo.

Mientras miramos, ¿no debemos alabar y admirar? Una o dos naciones de la antigüedad acostumbraban siempre, como parte de su religión, cantar himnos cuando veían el arco iris. ¿No deberíamos hacerlo nosotros cada vez que veamos a Cristo? ¿No debería ser este un día marcado con letras rojas en nuestro diario? «Este día alabemos tu Nombre».

Además, cuando veamos a Cristo debemos confesar nuestro pecado con humildad. Un antiguo escritor afirma que los judíos confiesan sus pecados cuando observan el arco iris. Estoy seguro de que, siempre que veamos a Cristo, debemos recordar el diluvio de ira del que Él nos ha librado, las llamas del infierno de las que nos ha salvado; y así, inclinándonos humildemente en el suelo, amemos, alabemos y bendigamos su nombre.

Si para ti no hay nada en este sermón, es porque nunca te has aferrado al pacto. Nunca has creído en Jesús. Recuerda que una fe sencilla en Cristo es la evidencia de que estás en el pacto. Si crees en el Señor Jesucristo con todo tu corazón, entonces tu nombre está inscrito en el registro de los bienaventurados; pero si no crees en Él, por excelente que sea tu carácter, por piadosas que sean tus obras, perecerás en tus pecados. Al creer te pones bajo el arco divino del bendito pacto. Verás sus gloriosos colores con júbilo y deleite, y estarás seguro, cualesquiera que sean las catástrofes que sacudan la tierra, y cualesquiera que sean las calamidades que perturben a los seres humanos.

2
Una promesa refrescante

RESUMEN:
El Señor promete provisión y cuidado continuos para su viña. Así como el Señor produce crecimiento en todo lo que planta, de manera rutinaria satisface las necesidades de todos aquellos que moran en su viña al regarlos Él mismo.

CITAS DESTACADAS:
«Así, pues, podemos creer sin vacilación alguna que el Señor hará personalmente por nosotros lo que promete hacer por todo su pueblo».

«Él no revocará su promesa ni dejará de cumplirla».

2

Una promesa refrescante

Todo el tiempo riego mi viña.

ISAÍAS 27:3 (NVI)

CUANDO EL SEÑOR más se inclina en la justicia, es al mismo tiempo más ferviente en su amor. El día de la venganza de nuestro Dios también es el año aceptable del Señor. En las Escrituras que tenemos ante nosotros, el profeta declara: «He aquí que Jehová sale de su lugar para castigar al morador de la tierra por su maldad contra él» (Is. 26:21), y predice que el Señor saldrá como alguien armado con una espada grande y fuerte para herir de muerte al más feroz de sus enemigos (Is. 27:1); pero antes de desnudar su brazo para la batalla preparó aposentos de refugio para su pueblo, a fin de que habitaran como dentro de puertas cerradas hasta que la tempestad de la indignación hubiera pasado (Is. 26:20). Los gritos de guerra no impidieron que el Señor recordara tanto a su amada como su cántico de amor por ella, porque Él expresa: «En aquel día cantad acerca de la viña del vino rojo. Yo Jehová la guardo, cada momento la regaré» (Is. 27:2-3). Pueblo afortunado que aún en el día de la ira se satisface con favor. Benditos herederos de la gracia escuchan al justo y terrible vengador decir con relación a ellos: «No hay enojo en mí» (Is. 27:4).

El amor del Señor hacia toda su Iglesia se extiende a cada miembro individual; el cuidado que muestra hacia la viña se ejerce sobre cada vid que Él ha plantado. Así, pues, podemos creer sin vacilación alguna que el Señor hará personalmente por nosotros lo que promete hacer por todo su pueblo. El mensaje del Señor es tan veraz que, si hubiera excepciones, no suscitaría expectativas infundadas por medio de declaraciones generales. Siempre podemos concluir con toda seguridad que, si el Señor hubiera tenido la intención de excluir de un privilegio a un alma creyente, lo habría mencionado, porque Él no ha declarado en secreto, en un lugar siniestro de la tierra, nada que pudiera ir en contra de la felicidad de algún miembro de su pueblo.

Este es, amado amigo, el regalo de amor con relación a la vida espiritual de mi alma y la tuya, y del alma de todo creyente humilde en Jesús: «Todo el tiempo riego mi viña». Esta es una preciosa promesa y, cuanto más meditemos en ella, más rica parecerá. Que ahora seamos regados por el Espíritu Santo mientras meditamos en este riego prometido.

En climas cálidos, la irrigación es esencial para la productividad. El riego surge de la necesidad y se atiende con esmero, porque de otro modo el horticultor buscaría en vano el fruto. En el paraíso no

UNA PROMESA REFRESCANTE

era una ventaja insignificante para sus verdes arboledas que un río cuádruple recorriera su curso por en medio y que, antes que la lluvia hubiera caído sobre el planeta, se levantara sobre la tierra una niebla que regaba la superficie. De la necesidad y el valor del agua para las plantas de la tierra, el Señor quiere enseñarnos nuestra propia necesidad de su gracia y la preciosidad de esa gracia, y hacer que la promesa de su suministro sea más agradable para nuestras almas.

A fin de que podamos apreciar la bondad del Señor en las promesas que tenemos ante nosotros, consideraremos la necesidad de que seamos regados, la manera en que el Señor promete suplir nuestra necesidad, y la certeza de que lo hará.

LA NECESIDAD DE SER REGADOS

Hay una gran *necesidad* del riego prometido en el texto. Esto podemos concluirlo de la promesa misma, ya que no existe una sola palabra superflua de promesa en todas las Escrituras; pero esto se hace más evidente al reflexionar en que toda vida en desarrollo depende de la efusión perpetua del poder divino. La existencia es una creación continua, porque las criaturas no tienen poder en sí mismas para preservar su propio ser; incluso las rocas sólidas y las grandes montañas se derretirían como tantas otras sombras si la omnipotencia eterna no les conservara en todo momento su existencia. El mundo no es como una rueda que, al haber recibido un gran empujón de una mano fuerte, sigue girando mucho tiempo después que la mano haya dejado de empujar; pero la energía divina avanza continuamente para sustentar todo lo que ha creado.

Ahora bien, la misma ley es válida en las obras más selectas e ilustres de Dios en el reino de la gracia. Los creyentes son piedras, pero su sustento viene continuamente de los cimientos; son ramas que succionan perpetuamente los nutrientes del tronco, miembros del cuerpo que siempre derivan la vida de la Cabeza. Para Dios somos corrientes y no fuentes; rayos de luz y no soles; lámparas que se deben preparar y alimentar con aceite; ovejas que necesitan incesante cuidado y alimento. La vida interior no puede existir por sí misma. Es una marca de su presencia que el creyente no solo es dependiente como ser humano, sino que la siente como una criatura viva, sensible, instruida y confiada. El cristiano no tiene nada en contra de la insinuación de debilidad absoluta implícita en el texto, porque es muy consciente de que debe recibir riego constante, o si no, se secará desde la raíz y dejará de ser.

> Las tentaciones de Satanás queman y marchitan nuestros corazones, a menos que el agua de la vida se deposite abundantemente en nuestra raíz.

Además, la verdad es especialmente cierta con relación al creyente, porque una multitud de entidades están actuando para secarle la hidratación de su alma. En lo que respecta a este mundo, el creyente está plantado en una tierra seca y sedienta, donde no hay agua. Sus penas tienden a resecarlo, como un viento ardiente del desierto, y las alegrías terrenales son más como un siroco que arde como un horno. Las tentaciones de Satanás queman y marchitan nuestros corazones, a menos que el agua de la vida se deposite abundantemente en nuestra raíz. Si confiáramos en nosotros mismos, pronto seríamos como las malezas en el desierto o como la hierba en los tejados. El pecado que mora en nosotros es especialmente una ráfaga devoradora y, si actuara sin control ni contrapeso, convertiría el jardín del alma en un desierto desolado. Un momento sin riego y sombra de parte de Dios nos secaría raíz y ramas.

UNA PROMESA REFRESCANTE

Tampoco contamos con otra fuente de suministro que el Dios vivo. Tenemos las ordenanzas y los medios de la gracia, pero, por nosotros mismos, no podemos obtener una bendición de ellos. El Espíritu de Dios es como el rocío y la lluvia, pero no podemos dominar sus influencias. No, los cántaros de los cielos gotean por orden de Jehová, y a menos que su buena voluntad provea a la tierra su refrigerio, «todo se ha vuelto polvo y terrones» (Job 38:38, NBV). Nadie puede proporcionarnos una gota de agua espiritual, a menos que las profundidades infinitas de la gracia divina se desborden hacia nosotros y el Señor visite el corazón y lo riegue desde el río de Dios.

Recuerda también que nuestra necesidad de riego divino se ve claramente cuando consideramos que la sequía, la esterilidad y la muerte nos vendrían si la mano de Dios se retira. Entonces, nuestra hoja se marchitaría y nuestra raíz se malograría; en cuanto a nuestro fruto, no habría ninguno, y solo seríamos aptos para ser quemados. Sin riego en todo momento, los más fieles entre nosotros serían desechados y aptos solo para el fuego; todo profeta se convertiría en un Balaam, cada apóstol en un Judas, todo discípulo en un Demas. Debemos ser regados, y regados en todo momento, o moriremos.

LA MANERA DE SER REGADOS

Nuestro primer pensamiento se emociona por el acto perpetuo: el Señor regará la viña «todo el tiempo». No hay un solo instante en que esta deje de necesitar el riego y, por consiguiente, el suministro es tan constante como la demanda. Así que, en todas las horas, tanto de la noche como del día, el cuidado del Señor está sobre su pueblo. La misericordia no conoce pausa. La gracia no tiene horas apropiadas, o más bien todas las horas son igual de apropiadas.

Podemos dejar de pedir, pero Dios no deja de dar. Tal vez no percibamos los flujos de su gracia, pero estos nunca se suspenden, ni por un momento. Esto nos lleva a estar seguros de nuestra perseverancia final, ya que la persistencia del Señor en regar producirá nuestra perseverancia en echar brotes, formar hojas y dar fruto; de lo contrario el riego divino sería en vano, la gracia ineficaz y el propósito de Dios habría fracasado, y no sería verdad que ninguno hubiera dañado la viña. ¡Gloria al gran Guardián de las viñas! Él dará buena cuenta del encargo que recibió, declarando: «A los que me diste, yo los guardé, y ninguno de ellos se perdió» (Jn. 17:12). Entre aquí y el cielo nunca habrá un momento en el cual el Señor deje de regar a su pueblo, y por eso no habrá ningún momento en que este se seque y perezca. Mantengamos firme la fe en esto y fortalezcámonos en ello.

Esto no es todo, el riego del Señor es un acto renovado. Él no nos riega una vez en gran abundancia para luego dejarnos vivir de lo que ya derramó. No da suficiente gracia a sus siervos en algún momento para que les sirva durante un mes, una semana, un día, o incluso una hora, sino que los riega «todo el tiempo» para que sepan que en ningún instante pueden prescindir de Él. El Padre depositó toda la fuente de agua viva en su Hijo, porque en Él habita corporalmente toda la plenitud de la Deidad. Pero, en nuestro caso, Él administra sus lluvias para que podamos buscar y obtener nuevas efusiones de vida eterna y en cada momento quedar bajo nuevas deudas con su amor infinito. Es muy bueno que sea así, pues de este modo tenemos a cada momento un motivo para acudir a Él, ya que en cada instante tiene algo que impartirnos.

Debemos prestar atención con gratitud al hecho de que el riego prometido por el Señor es un acto personal: «Riego». Agradable es la verdad de que no estamos a merced de segundas causas o agentes.

Todo esto podría fallarnos en momentos de necesidad, pero el Dios omnipotente puede, y quiere, en su propia persona, suplir para siempre a todos sus santos. Ni siquiera a los ángeles ha dejado al cuidado de sus santos, sino que Él mismo, con la mediación de su amado Hijo, nos guarda y riega en todo momento mediante su gracia eficaz.

¡Qué condescendiente es esto de parte del Señor! Aquel que conduce las estrellas con sus ejércitos inclina los cielos para visitar tu alma y la mía, cuidando que haya un canal para que el agua de vida fluya hacia los más pobres de su pueblo. Así como el jardinero se para ante la planta y la contempla, vertiendo suavemente el agua alrededor y sobre ella, así el Señor está sobre los miembros de su pueblo, cuidándolos para bien y dispensándoles su gracia con toda la sabiduría que puedan recibir.

Nuestra necesidad reclama la presencia permanente de Dios, y su amor la concede. En todo momento el Señor está cerca de nosotros, porque en cada instante nos concede el riego que necesitamos. En todo momento nos ama, porque su amor está activamente demostrándose en acciones condescendientes. Su amor sugiere el riego, y el riego prueba su amor. Él nunca se cansa de la obra que ha emprendido en amor y que no delegará a otros porque se complace sobremanera en realizarla Él mismo.

LA CERTEZA DEL RIEGO

Aquí se sugiere una gran cantidad de argumentos, pero nos contentaremos con el único motivo de confianza que se encuentra en el Señor mismo y en sus anteriores actos de amor.

El Señor nuestro Dios es veraz y no puede mentir. Por tanto, si Él dice que nos regará, no necesitamos más garantía de que esto

CÓMO DESCANSAR EN LAS PROMESAS DE DIOS

se hará. ¿Ha incumplido alguna vez la palabra que ha salido de su boca? Sin duda que no. El Señor es poderoso y por eso no puede dejar su promesa incumplida por falta de poder. Él puede decir con seguridad: «Lo haré», porque nada es imposible para Él. La inmutabilidad y la omnipresencia de Dios hablan del mismo efecto. El Señor ha regado a su pueblo hasta ahora, y como no puede cambiar, podemos esperar un trato similar de sus manos. Él no revocará su promesa ni dejará de cumplirla. Además, puede estar en todo momento con sus siervos necesitados, como sugiere su promesa. Aunque el Señor está obrando en el cielo y la tierra, y en todo lugar profundo, su mano bondadosa puede estar ocupada todo el tiempo y en cada momento entre las tiernas plantas de su gracia.

> Él no revocará su promesa ni dejará de cumplirla.

Si necesitáramos más confirmación, bien podríamos recordar que el Señor ya ha regado su viña en una manera mucho más costosa de lo que será necesario otra vez. El Señor Jesús la ha regado con sudor de sangre. ¿Se puede suponer que la dejará ahora? Querido amigo, tú y yo ya le hemos costado tanto al Salvador que no hay temor de que se separe de nosotros. Jesús ya ha cumplido a nuestro favor un compromiso de muchísimo mayor peso que el contenido en el texto. Hasta ahora, la sagrada promesa se ha cumplido plenamente, pues de manera compasiva hemos sido preservados en vida espiritual. El deleite del Señor está en nosotros tanto como siempre, porque Jesús, en quien nos contempla, es tan justo y amoroso como siempre; y, por tanto, podemos esperar la misma bondad del mismo corazón afectuoso.

Nunca debemos olvidar que somos del Señor. Por eso, en un supuesto caso de que no nos regara, Él mismo sería el perdedor.

UNA PROMESA REFRESCANTE

Si un propietario de viñedos los dejara secar con la sequía, no obtendría ningún beneficio de su propiedad. La viña se secaría, pero él mismo dejaría de recibir sus racimos. Nuestro Señor mismo no verá el trabajo de su alma en vides desatendidas, ni en corazones no santificados ni renovados, ni en hombres cuyas bendiciones se marchitan y mueren por falta de refrescamiento divino. El Señor debe llevar a cabo la obra o pierde lo que ha hecho, y eso no sería coherente con la previsión de su sabiduría o el propósito de su corazón. Él nos escogió, nos compró, se deleita en nosotros, puso su propia gloria en juego con relación a nosotros, y por tanto, podemos estar seguros más allá de toda duda de que nos regará hasta el final.

¿Nos riega Él en cada momento? Entonces que su alabanza esté continuamente en nuestras bocas. ¿Se preocupa por nosotros? Vigilemos entonces el avance de su causa, la extensión de su reino, el bienestar de su pueblo. A quien se le riega así, debe regar a otros. Si el Señor pone dentro de nosotros una fuente de agua viva a través de su riego divino, entonces otorguemos ríos de agua viva a otros.

3

Obtención de promesas

RESUMEN:
El hombre y la mujer cristianos deben buscar la obtención del cumplimiento de las promesas de Dios. Esto se logra de manera apropiada por fe bajo el pacto de gracia y al buscar al Dador de la promesa por medio de la meditación en la promesa, en la Palabra de Dios y en promesas pasadas cumplidas por Dios.

CITAS DESTACADAS:
«Las promesas de Dios son para el creyente una mina inagotable de riqueza».

«Debemos dar gracias a Dios por las misericordias que tenemos, pues de lo contrario no tendremos otras».

«Si rehusamos obedecer los mandamientos de Dios, nuestra fe será una fe muerta, y nuestra oración será arrogancia; debemos obedecer la voluntad del Señor, y entonces tendremos la bendición».

3

Obtención de promesas

Por fe... alcanzaron promesas.
HEBREOS 11:33

LAS PROMESAS DE Dios son para el creyente una mina inagotable de riqueza. Dichoso es si sabe cómo escudriñar las venas secretas de las promesas y enriquecerse con sus tesoros escondidos. En ellas encontrará toda clase de reconstituyentes y elíxires benditos; hallará un ungüento para cada herida, un refresco para todo desfallecimiento, un remedio para cada enfermedad. Bienaventurado el que es bien diestro en la farmacia celestial y sabe cómo echar mano de las virtudes curativas de las promesas de Dios. Las promesas son para el cristiano un depósito de alimentos. Bendito es quien puede tomar los cinco panes de cebada y los peces de la promesa, y partirlos hasta que todas sus cinco mil necesidades sean suplidas y pueda recoger canastas llenas de fragmentos. Sí, son la sala de joyas en la cual se preservan los tesoros de la corona del cristiano. Este creyente ya es un rey que tiene la llave de plata con la cual se abre la cámara acorazada; incluso ahora puede agarrar el cetro, usar la corona y poner sobre sus hombros el manto imperial. ¡Oh, qué indescriptiblemente ricas son las promesas de nuestro Dios fiel que guarda el pacto! Ni siquiera quienes han entrado en el reposo pueden darse cuenta de la altura y la profundidad, la longitud y la anchura de las inescrutables riquezas de Cristo que están almacenadas en la casa del tesoro de Dios: las promesas del pacto de su gracia.

Las promesas de Dios son para el creyente una mina inagotable de riqueza.

Además, todas las cosas bajo el pacto de gracia son por promesa. La ley tenía bendiciones por obras. Solo tenía maldiciones para los transgresores, ya que las bendiciones nunca las obtenían aquellos que estaban bajo la ley. Pero el pacto de gracia no dice: «Haz esto y vivirás», sino: «Yo lo haré» y «tú alcanzarás». Menciona todo lo quieras que esté contenido en el pacto, y te mostraré que es por promesa. ¿Adopción? «Así que, hermanos, nosotros, como Isaac, somos hijos de la promesa» (Gá. 4:28). ¿Herencia? «Dios la concedió a Abraham mediante la promesa» (Gá. 3:18), y nosotros somos los «herederos según la promesa» (v. 29), incluso de la vida eterna. Romanos 1:2 habla de que el evangelio mismo es algo prometido. La vida eterna se describe como «la promesa… [de] la vida eterna» (1 Jn. 2:25). Esperamos tanto la promesa de su venida como «según sus promesas, cielos nuevos y tierra nueva, en los cuales mora la justicia» (2 P. 3:13).

Yo podría tratar de explicar el texto, entendiéndolo en dos sentidos. Primero, algún lector podría pensar que esto significa obtener las promesas en sí mismas. Quizás un lector más reflexivo percibiría que se podría entender mejor como la obtención del cumplimiento de las promesas. La frase significa ciertamente ambos sentidos, pero creemos que la mente del Espíritu se expresa más a plenitud en el segundo sentido.

PROMESAS OBTENIDAS POR FE

Las promesas fueron y se obtuvieron por fe. Te daré un ejemplo: Abraham, a quien Dios le pide que ofrezca a su hijo Isaac. Abraham ya era heredero de las promesas, pero estas aún no se le habían revelado por completo. Obediente a la orden divina, se dispone a ofrecer a su hijo Isaac, sobre quien dependía su esperanza de posteridad, contando con que Dios podía resucitar hijos de las piedras o resucitar a Isaac de entre los muertos. El anciano desenvaina el cuchillo para sacrificar a su hijo, pero Dios le impide la consumación del hecho. El Señor acepta la ofrenda de Abraham y lo recompensa con una promesa.

Ahora bien, el patriarca alcanzó esa noble promesa por su acto de fe, no por méritos propios sino por gracia. Hermano, si obtienes una promesa, tu fe debe realizar proezas. Cuando has hecho algún sacrificio para Dios y has estado dispuesto a cumplir su Palabra como Él ordena, entonces estarás en una posición ventajosa desde la cual podrás alcanzar otra promesa mayor que la que habrías podido alcanzar de manos de tu fe. El Espíritu de Dios le susurrará a tu alma alguna promesa que te llegará con tanto poder como si un ángel del cielo te la hubiera dicho, y mediante un acto de fe obtienes la promesa que antes estaba fuera de tu alcance. Para citar un ejemplo más, Josué estaba a punto de invadir la tierra de Canaán, por lo que antes de su ardua empresa el Señor le dio una nueva promesa. Su fe lo llevó hasta la orilla del Jordán, los límites de la tierra prometida, y entonces allí obtuvo por fe una bendita promesa.

Un ejemplo más: en ocasiones, Dios da por fe nuevas promesas a su pueblo antes que les sobrevenga una prueba. Eso mismo ocurrió con Elías. El Señor le dio instrucciones de que fuera al arroyo y le informó: «Yo he mandado a los cuervos que te den allí de comer». Esto fue al principio de la hambruna. El hombre se quedó allí, y Dios cumplió la promesa, porque por fe Elías la había alcanzado. Al actuar por fe, todavía dependiente de Dios, permanece en Querit y, como resultado de esta fe, Dios le da una nueva promesa: «Levántate, vete a Sarepta… yo he dado orden allí a una mujer viuda que te sustente».

La fe que recibió la primera promesa obtuvo el honor de una segunda. Lo mismo ocurre contigo y conmigo. Si se nos ha hecho una pequeña promesa que ya se nos ha cumplido, si hemos vivido según esta promesa y la hemos convertido en el apoyo y sostén de nuestras almas, sin duda Dios nos dará otra mayor. Así, de promesa en promesa moviéndose velozmente en nuestro camino, descubriremos que las promesas son los peldaños de la escalera que Jacob vio, cuya cima llegará al cielo. Con duda y desconfianza en cuanto a la promesa que tienes no podrás esperar que Dios aumente su revelación para tu alma. Ten miedo y titubea por incredulidad ante lo que ayer fue puesto en tu corazón, y el día de mañana no tendrás una nueva promesa.

No obstante, escucho a alguien decir: «¿Existe algo así como recibir promesas ahora? Están en la Biblia, y podemos leerlas, pero ¿pueden alguna vez llegarnos como si fueran nuestras?». Oh, sí, querido amigo, y esa es la mejor manera en que el pueblo de Dios obtiene la dulzura de ellas. Creo en Dios el Espíritu Santo. Creo en sus intervenciones inmediatas en el alma del ser humano. Esta es la dispensación del Espíritu Santo, y por tanto, sería extraño si no nos hablara ahora tanto como habló en la era de las parábolas.

Sin duda, sé que Dios el Espíritu Santo tiene hoy tratos con los suyos como lo hizo con los profetas de antaño, y hay ocasiones en que extrae un antiguo texto de la Palabra y lo vuelve a escribir en sus almas, de tal manera que resulta ser una revelación nueva del cielo como si nunca se hubiera escrito antes en ese libro. [Teodoro de] Beza cuenta que una vez en que llevaba mucho tiempo sumido en gran dolor y profunda angustia, le llegó con gran poder este texto: «Mis ovejas oyen mi voz, y yo las conozco, y me siguen, y yo les doy vida eterna; y no perecerán jamás, ni nadie las arrebatará de mi mano. Mi Padre que me las dio, es mayor que todos, y nadie las puede arrebatar de la mano de mi Padre» (Jn. 10:27-29).

No me corresponde extenderme mucho en cuáles han sido mis textos, pero ha habido momentos decisivos en mi historia en los que he tenido promesas de parte de Dios que me han llegado de manera tan marcada e inequívoca del cielo, como si las hubiera pronunciado un vidente o profeta que me hubiera salido al encuentro en el camino. Nunca olvidaré un caso que explica mi presencia aquí en este mismo instante. Cuando resolví entrar a la universidad, caminando por Midsummer Common, en las afueras de Cambridge, reflexionando en las alegrías de la beca y la esperanza de llegar a ser alguien en el mundo, este texto inundó mi corazón: «¿Y tú buscas para ti grandezas? No las busques» (Jer. 45:5). «Mas buscad primeramente el reino de Dios y su justicia, y todas estas cosas os serán añadidas» (Mt. 6:33). En ese momento entregué todo; renuncié a todo. Las mejores perspectivas parecieron desvanecerse en el aire simplemente por la fuerza de ese texto, creyendo que Dios, nuestro apacible Dios, sin duda alguna me cumpliría su promesa si yo podía guardar su precepto. Bueno, si le hubiera contado eso a alguien más, esa persona podría haberse reído, pero para mí fue tan solemnemente la Palabra de Dios como si los cielos se hubieran abierto y yo hubiera visto ese texto escrito en relámpagos o hubiera oído los truenos de Dios retumbar en lo alto. Tu experiencia, hermano cristiano, proporcionará ejemplos similares.

Aunque nos tilden de fanáticos aquellos que no comprenden las impresiones espirituales del Santo Espíritu, sabemos que solo hablamos de lo que hemos experimentado de la buena Palabra de Dios, de que todavía existe tal cosa como la obtención de la promesa del cielo. La fe, y solamente la fe, puede conocer el secreto de obtener promesas de nuevo.

CUMPLIMIENTO OBTENIDO POR FE

El segundo punto es en cierto modo más práctico. Por fe, las personas de las que estamos hablando obtuvieron no solo el otorgamiento de la promesa sino su cumplimiento. Las promesas de Dios pueden dividirse en dos clases. Algunas de ellas son incondicionales. Son promesas de gracia, de las que la fe no obtiene el cumplimiento, sino que Dios las cumple de acuerdo con su voluntad y placer soberanos y según el propósito de su gracia. Me refiero a promesas tales como las relacionadas con el llamado de los elegidos en el tiempo de Dios: el paso de ellos de muerte a vida, su vivificación, su convicción y su regeneración. Ahora bien, al estar el ser humano delante de la gracia totalmente muerto, indefenso y sin vida, está claro que ninguna fe de su parte obtiene estas promesas y ni siquiera le ayuda a obtenerlas; pero Dios, cuando llega la hora predestinada, declara: «Es un tiempo para amar». Y al contemplar a la criatura repudiada y en medio de su sangre, le dice: «¡Vive!».

Debo agregar realmente que incluso esas promesas que podrían llamarse condicionales están solo condicionadas en cierto sentido; pues mientras que son condicionales en un pasaje de las Escrituras, se encuentran incondicionales en otro. Tales promesas son condicio-

OBTENCIÓN DE PROMESAS

nales solo en el objetivo de nuestro logro y disfrute de ellas; pero en el plan, propósito y decreto de Dios, todas se basan en juramentos y declaraciones incondicionales de amor eterno. Dios expresa: «Yo haré» y «tú alcanzarás», y aquí descansan todas las promesas.

Con relación a muchas de las promesas que tienen una descripción anexa, por fe debemos responder a esa descripción, o no podremos reclamar la bendición. Existen tres maneras de «obtener la promesa». Muchas de ellas solo necesitan la mano estirada para agarrarlas. Puedes ir de una vez creyendo con fe y agarrar la promesa: «Pedid, y se os dará». Hay muchas de las promesas tan fácilmente alcanzables que, si estás en Cristo, puedes verlas cumplidas mañana con solo creerlas. Cree que son verdaderas y tendrás lo que te prometen. Algunas de las promesas de Dios son como cheques. Las presentas en la ventanilla y te dan el dinero en efectivo. Solo tienes que tomar la promesa estampada por la propia mano de Dios, firmada y sellada, y creer que viene de parte de Dios, y tendrás la misericordia ahora. Esto se aplica a una gran cantidad de promesas.

De algunas otras promesas debo dar una segunda dirección. No debes creerlas simplemente, sino orar insistente por ellas. «Llamad, y se os abrirá». Estas promesas no se obtienen por el simple hecho de creer. De una especie de demonios se dijo: «Este género con nada puede salir, sino con oración y ayuno» (Mr. 9:29). De un tipo de promesas se puede decir: «Esta clase no se cumple sino con oración e insistencia». Debes llamar y, si la puerta no se abre, tienes que volver a llamar, y seguir haciéndolo hasta que Dios otorgue el favor. Estás seguro de tener la bendición si sabes cómo luchar con el ángel y declarar que no lo dejarás ir a menos que te la conceda.

Un tercer tipo de estas promesas no se cumplen ni siquiera con oración ni con la sola fe; debes obtenerlas buscándolas fervientemente. «Buscad, y hallaréis». Cuando Dios ha añadido a la promesa algo que debes hacer, hazlo con diligencia y obtendrás la bendición. Si rehusamos obedecer los mandamientos de Dios, nuestra fe será una fe muerta, y nuestra oración será arrogancia; debemos obedecer la voluntad del Señor, y entonces tendremos la bendición: «Si guardareis mis mandamientos, permaneceréis en mi amor» (Jn. 15:10). Pero con relación a las promesas de esta clase, que son realmente numerosas, aquí ves que el acto de fe debe madurar en la obra de la fe. No es el simple acto de fe el que obtiene algunas promesas, ni la expresión de fe en oración. Con estos aspectos también debe realizarse el trabajo, el fruto y la paciencia de la fe, o de lo contrario los racimos colgarán demasiado alto para nuestro alcance.

MEDITA EN LAS PROMESAS

Hijo de Dios, medita mucho en las promesas. Hay algunas que son como uvas en el lagar: si las pisas, el jugo fluye. Pensar en las palabras sagradas será a menudo el medio para llevarlas a cabo. Juan declaró: «Yo estaba en el Espíritu en el día del Señor, y oí detrás de mí una gran voz como de trompeta» (Ap. 1:10). Hallarse en el Espíritu y meditar en las cosas espirituales fue lo que preparó a Juan para contemplar al Rey en su belleza y escuchar lo que el Espíritu dice a las iglesias.

Especialmente, joven cristiano, medita mucho en esas promesas que se relacionan personalmente con Cristo. Mientras piensas en ellas, la fe que buscas te vendrá de manera inconsciente. Más de un hombre, que ha tenido sed de la promesa mientras ha estado considerando el registro divino, ha encontrado el favor que la aseguraba suavemente simplificada en su alma, y se ha regocijado en que se le indujo a poner la promesa cerca de su corazón. Creo que fue Martín Lutero quien afirmó que algunos pasajes de las Escrituras son como árboles que llevan fruto, pero que este no cae fácilmente. Lutero explica que se debe agarrar el árbol, sacudirlo y volverlo a sacudir una y otra vez, y a veces tendrás que agotar todas tus fuerzas, pero en el último sacudón cae el delicioso fruto.

DEBES SABER QUE LA PROMESA ES LA PALABRA DE DIOS

No te limites tan solo a meditar en la promesa, sino busca en tu alma comprenderla como la misma Palabra de Dios. Dile así a tu alma: «Es Dios, tu Dios, el Dios que no puede mentir, quien te habla. Esta Palabra suya que ahora estás considerando es tan cierta como la propia existencia de Dios. Él es un Dios inmutable, y por tanto, esta promesa no se ha revocado. Tampoco le falta ningún poder; es el Dios que hizo los cielos y la tierra quien me ha hablado. No le faltará, ni le puede faltar sabiduría en cuanto al tiempo en que concederá los favores, porque sabe cuándo es mejor darlos y cuándo es mejor retenerlos. Por tanto, al ver que es la Palabra de un Dios tan veraz, tan inmutable, tan poderoso, tan sabio, quiero y debo creer la promesa».

Mira, hermano mío, ya has llegado a la fe que obtiene la promesa. Debemos avergonzarnos de nosotros mismos por atrevernos a dudar de Dios. Al pensar en esto el otro día, un horror de gran oscuridad cayó sobre mi alma, mientras me lamentaba por haber sido culpable de la infame blasfemia de dudar de Dios. Dudar de un hombre honesto es calumniarlo, pero dudar de Dios, que no puede mentir, es convertirlo en un mentiroso, ¡o incluso en un perjuro! Nuestra alma se encoge ante tan maldita infamia. ¿Cometió alguna vez un demonio en el infierno una iniquidad más detestable que la de dudar de la veracidad de un Dios de perfección y verdad? Entonces, joven cristiano, toma muy en serio el hecho de que la promesa es la misma Palabra de Dios, y seguramente no te resultará difícil creer y obtener así la promesa.

HAZ LO QUE LA PROMESA REQUIERE

Asegúrate de hacer, en el poder del Espíritu, lo que pide el precepto anexo a la promesa. Sigue el ejemplo de Moisés, quien era consciente de que había una promesa dada al pueblo de Israel, pero para obtenerla, tuvo que practicar abnegación. ¿Qué hizo? Se negó a ser llamado hijo de la hija de Faraón, considerando mejor padecer el vituperio de Cristo que disfrutar por un tiempo los placeres del pecado.

O supón que la promesa requiera valor de tu mano, ejerce valor. David sintió que había la promesa de que Dios lo protegería. David sabía que en su experiencia pasada Dios había sido fiel. «Fuese león, fuese oso, tu siervo lo mataba; y este filisteo incircunciso será como uno de ellos» (1 S. 17:36). David enfrentó el conflicto, y el Señor fue su liberador.

¿Requiere obediencia la promesa? Sé obediente. Recuerda cómo Rahab, la ramera, colgó de su ventana la cinta escarlata, porque esa era la prueba de su fe. Todo lo que Cristo te haya dicho que hagas, hazlo. No desatiendas ningún mandamiento, por trivial que parezca. Recuerda quiénes fueron Caleb y Josué, los únicos dos que alcanzaron la promesa de entre toda la multitud que salió de Egipto, porque solo ellos, hallados fieles entre los infieles, honraron a Dios y no se atrevieron a desconfiar de Él. Así que, honra a Dios. Permite que un mundo burlón oiga tu testimonio diferente de que tu Dios es bueno y verdadero. No dejes que tu desdichado rostro les susurre a los hombres que tienes un amo cruel. Que tus gemidos y tus murmuraciones no hagan sospechar a los jóvenes que Dios es tiránico con sus propios hijos y que estos no poseen alegría, consuelo ni deleite. No te desanimes ni te aflijas, como si los hijos de Dios tuvieran un padre desalmado y un hogar miserable; más bien, levanta la cabeza, porque tu redención está cerca.

IMITA A LOS HEREDEROS DE LA PROMESA

No heredarás algunas de las promesas, a menos que imites a los hombres que por fe y paciencia heredan la promesa. Si la visión tarda, espérala hasta que llegue. No se demorará; el tiempo señalado seguramente la traerá. Pero debido a que Dios no les escucha hoy las oraciones, algunas personas se vuelven como niños tontos y no pueden pensar que su Padre es veraz. En cuanto a ti, sé hombre y añade paciencia a tu fe. Espera la venida del Señor como el labrador espera el precioso fruto de la tierra, sabiendo que hay un tiempo para cada propósito debajo del cielo. Aunque siempre es tu tiempo para sembrar, espera hasta que Dios señale el tiempo de la cosecha. Ahora el tuyo es el de orar; Él te dará tu tiempo para danzar cuando te regocijes porque la promesa se ha cumplido.

SÉ AGRADECIDO POR LAS PROMESAS YA OBTENIDAS

Debemos dar gracias a Dios por las misericordias que tenemos, pues de lo contrario no tendremos otras. En los días de antaño, cuando los puritanos se establecieron en Nueva Inglaterra, siempre tenían días de ayuno. Ayunaban un día porque les faltaba el pan; ayunaban otro día porque no había llegado el barco que esperaban, y ayunaban tantos días que comenzaron a debilitarse en extremo. Finalmente, un hermano muy sabio expresó: «¿No pensaron que sería bueno de vez en cuando variar las cosas y tener ocasionalmente un día de fiesta? ¿No sería tan aceptable para Dios que, en lugar de lamentarse por las misericordias que deseaban, le agradecieran por las misericordias disfrutadas?». Así que instituyeron lo que se llamó el Día de Acción de Gracias, que se convirtió después en una ordenanza perpetua: la acción de gracias por las misericordias recibidas.

> Debemos dar gracias a Dios por las misericordias que tenemos, pues de lo contrario no tendremos otras.

Hermano, hay razón y sabiduría en tal proceder. ¿Cómo te atreves a ir y pedir algo, a menos que hayas dado las gracias por lo que ya tienes? En ocasiones en que le has dado caridad a una persona codiciosa, ¿no has visto que se queda mirando lo que le diste? ¿Cuál ha sido tu conducta cuando ese individuo vuelve la próxima vez? Lo envías con las manos vacías, y ha sido muy apropiado el castigo. Sin embargo, ¿cómo es que el Señor no te sirve de igual modo? Le pides misericordia y la obtienes, ¿y la miras como si no valiera la pena tenerla, o la disfrutas por un tiempo y luego te olvidas que alguna vez la recibiste y nunca piensas en agradecerle a Dios? Después vuelves a llamar a su puerta y esperas que Él satisfaga tus deseos cuando tú no llegas hasta su trono con acción de gracias. Seamos agradecidos por las bendiciones que tenemos, y entonces, alcanzaremos la gracia para obtener la promesa que no tenemos.

OBTENCIÓN DE PROMESAS

OBSERVA LOS EJEMPLOS DE AQUELLOS QUE HAN OBTENIDO LA PROMESA

Por último, mira los ejemplos de todos los que, en tiempos antiguos y en nuestros propios tiempos, han obtenido por fe la promesa. Pecador, observa los muchos que ahora están en el cielo y que no tuvieron más en qué confiar de lo que tienes tú: la exclusiva promesa de Dios. Él les dice lo mismo que te dice a ti: «Cree en el Señor Jesucristo, y serás salvo» (Hch. 16:31). Ellos confiaron en Cristo y son salvos. Haz tú lo mismo y descubrirás que Él es veraz.

Tú, santo de Dios, observa a tus nobles antepasados. ¡Qué pedigrí el tuyo! A través de qué multitud de mártires, confesores, profetas y apóstoles ha descendido nuestra sangre, y todos ellos dan testimonio de que nada bueno les ha faltado de todo lo que el Señor Dios ha prometido. Entre todos ellos no hay ninguna excepción; ninguno de ellos pondrá en duda la veracidad de Dios. Lo pusieron a prueba en el tormento, en el lúgubre calabozo y en la hoguera. Lo juzgaron en el anfiteatro romano, cuando los huesos crujieron en las fauces de los leones. Lo probaron en el jardín de Nerón, cuando ardía la brea que les untaron, un horrible sacrificio a Dios. Lo juzgaron cuando se hallaban en húmedas mazmorras, pudriéndose o ardiendo de fiebre. Lo pusieron a prueba en la amargura de la vida y en las agonías de la muerte; y todos ellos te dicen: «Confía en el Señor; cree en Él, y Él hará, y tú alcanzarás la promesa». Dios nos ayude a hacerlo por causa de Jesús. Amén.

4
Descanso, descanso

RESUMEN:
Todos los pecadores que trabajan en vano y anhelan descansar, están invitados a venir a Jesucristo para encontrar reposo en la salvación y la gracia inmerecidas. El creyente, entonces, asume una nueva carga dada por Jesucristo: un descanso al aprender sobre Cristo y un descanso en el servicio a Cristo.

CITAS DESTACADAS:
«Las buenas nuevas se deben predicar a "toda criatura" bajo el cielo, y este pasaje en particular está dirigido a todos los que están trabajados y cargados».

«Jesucristo nos otorga en la dádiva de sí mismo todo el descanso que podemos disfrutar; incluso el descanso del cielo está en Él».

«Examina, investiga y sopesa la enseñanza del Maestro palabra por palabra, y cada sílaba te recompensará».

4

Descanso, descanso

Venid a mí todos los que estáis trabajados y cargados, y yo os haré descansar. Llevad mi yugo sobre vosotros, y aprended de mí, que soy manso y humilde de corazón; y hallaréis descanso para vuestras almas; porque mi yugo es fácil, y ligera mi carga.

MATEO 11:28-30

A MENUDO HEMOS repetido esas memorables palabras, y nos han producido mucho consuelo; pero es posible que nunca hayamos profundizado en ellas como para haber visto la plenitud de su significado. Las obras humanas rara vez soportan una inspección minuciosa. Toma una aguja muy pulida, que parezca no tener la más leve imperfección en su superficie, y la verás bajo el microscopio como una áspera barra de hierro. Pero selecciona lo que quieras de la naturaleza y no descubrirás allí ningún defecto; amplía todo lo que quieras y contempla todo el tiempo que desees.

Así, pues, toma por ejemplo las palabras del ser humano. La primera vez que las oyes te impactarán. Puedes volver a escucharlas y aun admirar su punto de vista, pero pronto te cansarás de repetirlas y las llamarás trilladas o sobrevaloradas. Las palabras de Jesús no son así; no pierden su encanto ni se vuelven aburridas. Puedes reflexionar en ellas de día y de noche, pero la familiaridad no engendrará desprecio. Las puedes moler en el mortero de la contemplación, con el pilón de la crítica, y su perfume se hará más evidente.

> Examina, investiga y sopesa la enseñanza del Maestro palabra por palabra, y cada sílaba te recompensará.

Examina, investiga y sopesa la enseñanza del Maestro palabra por palabra, y cada sílaba te recompensará.

Ahora queremos conducirte al interior de las cámaras interiores de nuestro texto, colocar sus palabras bajo el microscopio y observar entre los recovecos de cada frase. Solo desearíamos que nuestro microscopio tuviera un mayor poder de aumento y que nuestra capacidad para exponer el texto fuera más completa, porque aquí hay minas de instrucción. Superficialmente leída, esta promesa real ha alegrado y alentado a decenas de miles, pero hay una riqueza en ella que solo descubrirá el excavador y minero diligente. Sus aguas poco profundas son frescas y refrescantes para los corderos, pero en sus profundidades hay perlas para los que esperamos bucear.

EL PRIMER DESCANSO: VENID A MÍ

Observa las personas invitadas para recibir este primer descanso: «Venid a mí todos los que estáis trabajados y cargados». La palabra «todos» exige primero atención: «Todos los que estáis trabajados». Era necesaria la inserción de esa amplia palabra. No supongas que esa elección excluye de la invitación de misericordia a algún ser humano; todos los agobiados están invitados a acudir. Independientemente de lo que la gran doctrina de la predestinación pueda implicar, ten la seguridad de que de ninguna manera reduce o disminuye el alcance de las invitaciones del evangelio. Las buenas nuevas se deben predicar a «toda criatura» bajo el cielo, y este pasaje en particular está dirigido a todos los que están trabajados y cargados.

La descripción de las personas invitadas es muy completa. La describe tanto de modo activo como pasivo. «Todos los que estáis trabajados», esta es la actividad de los hombres que llevan el yugo y están dispuestos a trabajar en pos de la salvación; «trabajados», esta es la forma pasiva de su condición religiosa; ellos sostienen una carga, la cual los oprime y los fatiga en gran manera. Muchos están activamente comprometidos en buscar la salvación. Creen que serán salvos si obedecen los preceptos de la ley, y se esfuerzan al máximo por cumplirlos. Les han dicho que la realización de ciertos ritos y ceremonias los salvará. Por eso los realizan con mucho cuidado. Algunos se afanan en la oración, otros en los sacramentos, y otros más en abnegaciones y mortificaciones, pero son despertados como de una clase para sentir la necesidad de salvación y se afanan intensamente por salvarse a sí mismos. Es a estos que el Salvador dirige su amorosa amonestación. En realidad, les está diciendo: «Esta no es la manera de descansar; tus labores autoimpuestas terminarán en desilusión; abandona tus esfuerzos agotadores y cree en mí, porque yo te daré descanso inmediato; es decir, el reposo que mis esfuerzos han ganado para los creyentes».

Muy pronto, quienes están activos en el trabajo farisaico por conseguir salvación caen en el estado pasivo y se agobian; el trabajo en sí se convierte en carga para ellos. Además de la carga de sus esfuerzos farisaicos, sobre ellos viene la horrible, tremenda y aplastante servidumbre del pecado pasado y un sentido de la ira de Dios a causa de ese pecado. Un alma que tiene que soportar la carga, tanto de su propio pecado como de la ira divina, está realmente trabajada. Sus esfuerzos activos no disminuyen sus sufrimientos pasivos. A menudo, la aguda angustia de sus almas aumentará en proporción a la medida en que sus esfuerzos aumentan; y mientras al principio esperan que, si trabajan en forma industriosa, gradualmente disminuirá la cantidad de su pecado, sucede que ese trabajo les aumenta el cansancio debajo de su presión. Sienten un peso de desilusión debido a que su esfuerzo no les ha producido descanso, y una carga de desesperación porque temen que la liberación nunca llegará. Ahora bien, estas son las personas a quienes el Salvador llama hacia sí mismo, aquellas que buscan activamente salvarse, las que soportan pasivamente el peso del pecado y de la ira divina.

> Las buenas nuevas se deben predicar a «toda criatura» bajo el cielo, y este pasaje en particular está dirigido a todos los que están trabajados y cargados.

También se da a entender que estas personas no merecen el descanso, porque se dice: «Venid a mí… y yo os haré descansar». Un regalo no es por mérito, sino por gracia; los salarios y las recompensas son para quienes los ganan, pero un regalo es un asunto de caridad. Jesús te dará gratuitamente lo que no puedes ganar o comprar; te lo dará como un acto de su propia misericordia gratuita, rica y soberana. Y Él está preparado, si llegas a Él, para dártelo ahora, tal como lo ha prometido.

Observa, a continuación, el precepto aquí establecido: «Venid». No es «aprended» ni «toma mi yugo», pues eso se encuentra en el siguiente versículo y está destinado a la siguiente etapa de la experiencia, pero en el principio, el mensaje del Señor es: «Venid a mí», «Venid». Una palabra simple, pero muy llena de significado. «Venir» es dejar algo y avanzar hacia otro lugar. Ven, entonces, tú que estás trabajado y cargado. Deja tus labores legales, abandona tus esfuerzos autosuficientes, renuncia a tus pecados, desiste de tus vanidades, depón todo aquello en lo que hasta ahora has confiado y ven a Jesús. Permite que tus reflexiones sean en Aquel que llevó la carga del pecado humano sobre la cruz del Calvario, donde fue hecho pecado por nosotros. Deja que tu mente medite en Aquel que desde su cruz arrojó la enorme masa de transgresiones de su pueblo a un sepulcro sin fondo, donde fue enterrada para siempre. Piensa en Jesús, el sustituto y sacrificio divinamente designado para el ser humano culpable. Entonces, al ver que se trata del propio Hijo de Dios, permite que la fe siga a tu meditación; apóyate en Él, confía en Él como si hubiera sufrido en tu lugar, busca en Él el pago de la deuda que tienes con la ira de Dios. Esto es venir a Jesús. El arrepentimiento y la fe conforman este «venid»: el arrepentimiento que abandona ese lugar en que te encuentras ahora y la fe que viene al confiar en Jesús.

Observa que el mandamiento «venid» está puesto en modo imperativo, y en el griego es presente intenso. Se trata de un «venid» que no significa «ven mañana o el año próximo», sino «ya, de inmediato». Adelante, esclavo, ¡huye de tu capataz ahora! Por un acto de fe instantánea que producirá paz inmediata, ven y confía en Jesús, y ahora Él te dará descanso. El descanso seguirá prontamente al ejercicio de la fe. Realiza ahora mismo el acto de fe.

Fíjate en la frase: «Venid a mí». Cristo en su personalidad es de fiar. No dice: «Venid a Juan, y escúchalo declarar: "Arrepentíos, porque el reino de los cielos se ha acercado"», porque allí no hay descanso.

Juan ordena una preparación para el descanso, pero no tiene ningún descanso para dar al alma. Ven, no a los fariseos que te instruirán en la tradición y en las jotas y las tildes de la ley, sino que ve más allá de ellos, a Jesús, el Hombre, el Dios, el Mediador, el Redentor, la propiciación para la culpabilidad humana. Si quieres descanso, acude a Cristo en Getsemaní, a Cristo en el Calvario, al Cristo resucitado, al Cristo ascendido. Si quieres descanso, oh alma cansada, no lo hallarás en ninguna parte a menos que vengas y deposites tus cargas ante los queridos pies traspasados de Jesús y encuentres vida mirando solamente hacia a Él.

> Si quieres descanso, no lo hallarás en ninguna parte a menos que vengas y deposites tus cargas ante los queridos pies traspasados de Jesús y encuentres vida mirando solamente hacia a Él.

La orden no es más que esa sola palabra: «Venid». No es: «Haz». Ni siquiera es: «Aprende». No es: «Toma mi yugo»; eso seguirá después, pero no se le debe obligar a dejar su lugar apropiado. Para obtener el primer descanso, el descanso que es asunto de obsequio, lo único que se pide de ti es que vengas y lo obtengas. Ahora bien, lo menos que la caridad misma puede pedir cuando da su limosna es que los hombres vengan por ella. Jesús te expresa: «Ven y recibe lo que te doy libremente». Ven sin dinero, ven sin mérito, ven sin preparación. Ven, ven ahora, tal como te encuentras, con tus cargas; ven con tu yugo, aunque este sea el yugo del diablo, y la carga sea la carga del pecado, pero ven como estés, y la promesa se cumplirá para ti: «Yo te haré descansar».

Observa a continuación la promesa pronunciada: «Yo os haré descansar». El descanso es un regalo, no un descanso que se encuentre poco a poco según nuestra experiencia, sino que se da inmediatamente. El próximo versículo habla del descanso que se encuentra, se trabaja y se descubre, pero este es un descanso que se da. Venimos a Jesús; extendemos la mano vacía de la fe, y el descanso se nos da de inmediato y con toda libertad. Lo poseemos al instante, y es nuestro para siempre.

Se trata de un descanso actual; de reposar ahora mismo, no de un descanso después de la muerte, ni de un descanso después de un tiempo de prueba, crecimiento y avance, sino que es un regalo que se nos da cuando venimos a Jesús, que se nos da allí y en ese momento. Y también es un descanso perfecto, porque no se dice, ni se da a entender, que el descanso sea incompleto. No leemos: «Yo les daré descanso parcial», sino «descanso», tanto como si no lo hubiera de otra forma. Es perfecto y completo en sí mismo. En la sangre y justicia de Jesús nuestra paz es perfecta.

¿Has venido a Jesús y te ha dado tu descanso perfecto y actual? Si es así, sé que tu ojo captará gozosamente esas dos palabritas: «Y yo», y te pido que recuerdes con amor al Prometedor que habla. Jesús promete y Jesús cumple. ¿Acaso todo tu descanso, cuando tu pecado fue perdonado por primera vez, no vino de Él? La carga desapareció, pero ¿quién se la llevó? El yugo fue quitado, pero ¿quién lo levantó de tus hombros? ¿No le das a Jesús este día toda la gloria por tu descanso de la carga de la culpa? ¿No alabas su nombre con toda tu alma? Sí, sé que lo haces.

Tú sabes cómo te vino ese descanso. Fue por la sustitución de Jesús y por tu fe en esa sustitución. Tu pecado no fue perdonado por una violación de la justicia divina. La justicia fue satisfecha en Jesús; Él te dio descanso. La verdad de que Él haya hecho expiación total constituye el descanso de tu espíritu esta mañana. Sé que, en lo profundo de tu conciencia, la calma que te bendice brota de creer en el sacrificio sustituto de tu Señor. Jesús cargó la intranquilidad para que pudieras tener el descanso, y recibes el descanso este día como un regalo gratuito de parte de Él.

Has terminado ahora con los esfuerzos serviles y las desesperadas cargas. Has entrado en el reposo por medio de la fe, pero todo el reposo y la liberación aún te llegan como un regalo de las amadas manos de Jesús, quien compró por precio esta bendición para tu alma. Deseo sinceramente que muchas personas que nunca han sentido ese descanso vengan y lo obtengan. Lo único que tienen que hacer para tenerlo es buscarlo. Exactamente donde se encuentran ahora mismo, si Dios les permite ejercer un simple acto de fe en Jesús, Él les dará descanso de todos sus pecados pasados, de todos sus esfuerzos por salvarse a sí mismos, un descanso que será para la gloria del Señor y el gozo de esas personas.

EL SEGUNDO DESCANSO: LLEVAD MI YUGO

Parece bastante extraño que, tras haber recibido descanso, el siguiente versículo comience: «Llevad mi yugo sobre vosotros». «¡Ay! Se me había liberado del esfuerzo, ¿y debo volver a esforzarme?». Sí, así es, a tomar mi yugo y comenzar de nuevo. Es «ligera mi carga». «¿Carga? ¿Por qué, yo estaba muy cargado hace un momento, debo llevar otra carga?». Sí. Debo llevar tanto un yugo activamente como una carga pasivamente. «¡Pero encontré descanso al deshacerme de mi yugo y mi carga!». Y tú encontrarás un mayor descanso al usar un nuevo yugo y llevar una nueva carga. Tu yugo era duro, pero el yugo de Cristo es fácil; tu carga era pesada, pero la carga de Cristo es ligera.

El alma humana está bajo el dominio de Satanás; acarrea su horrible yugo y trabaja para él. Lleva su carga maldita y gime debajo de ella. Jesús la libera, pero ¿tiene, por tanto, un descanso perfecto? Sí, un «descanso de», pero no un «descanso en». Lo que se disfruta ahora es un nuevo gobierno. El alma debe tener un soberano, un principio rector, un motivo principal; y, cuando Jesús ha asumido esa posición, viene el descanso. Este reposo adicional es de lo que se habla en el segundo versículo.

Nuestras almas están hechas para la actividad y, cuando somos liberados de las actividades de nuestra justicia propia y de la esclavitud de nuestro pecado, debemos hacer algo; nunca descansaremos hasta que encontremos ese algo qué hacer. Por tanto, en el texto te complacerá ver que se dice algo acerca de un yugo, que es insignia de trabajo, y algo respecto a una carga, lo cual es el emblema de soportar. Está en la naturaleza mortal del hombre que debe hacer o soportar algo, o de lo contrario su espíritu se estancará y estará lejos del descanso.

Consideraremos este segundo descanso y observaremos que se trata de un reposo después del descanso. «Yo os haré descansar» viene antes de «y hallaréis descanso». Este es el descanso de un hombre que ya está descansando, el reposo de un hombre que ha recibido un descanso dado y que ahora descubre el descanso hallado. No es tanto el descanso de alguien que estaba trabajado y cargado, sino el de quien hoy día está aprendiendo a los pies del Salvador. Evidentemente, es el descanso de un buscador, porque encontrar suele implicar una búsqueda. Después de ser perdonado y salvado, el individuo salvo descubre cada vez más razones para la paz. Está aprendiendo y buscando, y encuentra. Sin embargo, el descanso es evidentemente encontrado, como algo desconocido que se convierte en objeto de descubrimiento. El hombre experimentó un descanso de su carga. Ahora encuentra un descanso, en Cristo, que excede a lo que pidió o incluso pensó.

He mirado este descanso tras descanso como un tesoro escondido en un cofre precioso. El Señor Jesús le da a su pueblo un cofre de valor incalculable, llamado el regalo del descanso. Está engastado con brillantes e incrustado con gemas, y su sustancia es oro labrado. Quien lo posee siente y sabe que su guerra está cumplida y que su pecado está perdonado. Después de un tiempo, el feliz poseedor empieza a examinar su tesoro. Es todo suyo, pero aún no lo ha visto todo, porque un día detecta un cajón secreto, toca un resorte oculto, ¡y vaya! Ante él se encuentra un objeto de valor incalculable que supera a todos los demás. Se le había dado antes, es verdad, pero no lo había visto al principio, por lo que debe encontrarlo. Jesucristo nos otorga en la dádiva de sí mismo todo el descanso que podemos disfrutar; incluso el descanso del cielo está en Él. Pero después que lo hemos recibido debemos aprender su valor y hallar por la enseñanza de su Espíritu la plenitud del descanso que nos concede.

> Jesucristo nos otorga en la dádiva de sí mismo todo el descanso que podemos disfrutar; incluso el descanso del cielo está en Él.

Ahora bien, te pregunto a ti que eres salvo, ¿has encontrado todo lo que hay allí en el regalo que Cristo te ha dado? ¿Descubriste ya el cajón secreto? Jesús te ha dado el descanso, pero ¿has hallado el descanso más íntimo que Él obra en tu corazón? Es tuyo, porque está incluido en el regalo único; pero no es tuyo para disfrutarlo, entenderlo y ganarlo a menos que lo hayas encontrado, porque el descanso aquí significa un descanso después del descanso, un reposo espiritual experimentado que solo llega a aquellos que lo encuentran por experiencia propia.

Observa además que el descanso en esta segunda parte de nuestro

DESCANSO, DESCANSO

texto es un descanso en servicio. Está acoplado a un yugo; está relacionado con una carga. El verdadero creyente no encontrará descanso en la ociosidad. No hay mayor intranquilidad que la del perezoso. Si quieres descansar, toma el yugo de Cristo y comprométete activamente en su servicio. El descanso del cielo no es el descanso del sueño; en el cielo le sirven a Dios día y noche en su templo. Siempre están descansando; y, sin embargo, en otro sentido, no descansan de día ni de noche. La actividad sagrada en el cielo es descanso perfecto. El verdadero descanso para la mente del hijo de Dios es descanso en las alas, descanso en movimiento, descanso en el servicio, no descanso con el yugo quitado, sino con el yugo puesto. Debemos entrar voluntariamente en este servicio; debemos tomar voluntariamente el yugo que Cristo nos ha puesto. No te sometas simplemente a ser el siervo del Señor, sino que busca su servicio. Pregunta: «¿Qué puedo hacer?». No busques tu descanso en los meros placeres y las alegrías de la religión, sino que encuéntralo en usar un yugo que ames y que, por tanto, es cómodo para tu cuello.

Pero también debes estar dispuesto a llevar la carga de Cristo. Ahora bien, la carga de Cristo es su cruz, que todo cristiano debe tomar. Espera recibir reproches, espera encontrarte con algún grado del escándalo de la cruz, porque la ofensa de ella no cesa. La persecución y los reproches son una carga bendita. Cuando tu alma ama a Jesús, es algo ligero padecer por Él; así que nunca, por alguna retirada cobarde o una negativa a profesar tu fe, evadas tu parte de esta honrosa carga. El descanso del cristiano no se encuentra en la cobardía sino en el valor. No yace en proveer facilidad, sino en resistir valientemente el sufrimiento por la verdad.

El descanso delante de nosotros es el descanso por medio del aprendizaje. ¿Te dice algún amigo: «No veo cómo se podría descansar trabajando y en medio del sufrimiento»? Mi querido hermano, nunca lo conseguirás a menos que te eduques, y debes hacerlo en Cristo. Ahora bien, para aprender de Cristo se supone que dejemos a un lado todos los prejuicios del pasado. Estas cosas impiden en gran manera que encontremos paz. ¿Tienes nociones preconcebidas de lo que debería ser la religión? ¿Has forjado en tu propio yunque ideas de lo que deberían ser las doctrinas del evangelio? Despójate de todo eso; aprende de Jesús y desaprende tus propias ideas.

Entonces, cuando estés dispuesto a instruirte, ten en cuenta lo que debes aprender. A fin de obtener el descanso perfecto de la mente debes aprender de Jesús no solamente las doctrinas que enseña, sino mucho más que eso. Educarte para ser ortodoxo es algo bastante bueno, pero la ortodoxia que produce descanso es una ortodoxia del Espíritu. Observa el texto: «Llevad mi yugo sobre ti, y aprended de mí». Aprende de su ejemplo a ser «manso y humilde de corazón», y de esta manera «hallaréis descanso para vuestras almas». Aferrarse al Espíritu de Jesús es el camino hacia el descanso. Creer lo que Él me enseña es algo, reconocerlo como mi líder religioso y como mi Señor es mucho, pero luchar por ser conformado a su carácter, no solo en sus factores externos sino en su Espíritu interior, se encuentra en la disciplina del descanso.

Jesús nos dice los dos puntos en que debemos aprender de Él. Primero, que es manso, luego declara que es humilde de corazón. Toma primero la palabra «manso». Creo que se refiere a llevar el yugo, el trabajo activo. Si trabajo activamente para Cristo, solo puedo hallar descanso en el trabajo al poseer el espíritu manso de mi Señor. Porque si salgo a trabajar para Cristo sin un espíritu manso, muy pronto descubriré que no hay descanso en ello, porque el yugo me irritará el hombro. Alguien comenzará a objetar que no realizo mi labor de acuerdo con sus gustos. Si no soy manso, descubriré que mi espíritu orgulloso se levantará al instante y estará pronto a defenderme. Entonces me irritaré, o me desanimaré y me inclinaré a no hacer más, porque no me aprecian como deberían hacerlo. Un espíritu manso no es propenso a enojarse ni se ofende pronto; por tanto, si otros encuentran faltas, el espíritu manso sigue trabajando y no se ofende. No escuchará las palabras ásperas, ni responderá a las críticas severas.

Si el espíritu manso se aflige por alguna censura cortante y sufre por un momento, siempre está listo a perdonar, borrar el pasado y seguir adelante. El espíritu manso en el trabajo solo busca hacer el bien a los demás.

> Es el espíritu de orgullo el que se cansa de hacer el bien si encuentra que sus esfuerzos no son apreciados; pero el espíritu valiente y manso encuentra que el yugo es fácil.

El espíritu manso inclina el hombro al yugo y espera tener que seguir inclinándose con el fin de mantener el yugo en el lugar correcto para trabajar. No parece exaltarse por llevar el yugo; está plenamente satisfecho si puede exaltar a Cristo y hacer bien a sus escogidos. ¿Recuerdas cuán manso y humilde fue Jesús en todo su servicio, y por eso con qué calma soportó a quienes se le opusieron? Los samaritanos no querían recibirlo, por lo que Juan, quien sentía que el yugo le irritaba un poco el hombro no acostumbrado, clamó: «Señor, ¿quieres que mandemos que descienda fuego del cielo...?» (Lc. 9:54). ¡Pobre Juan! Pero Cristo llevaba tan bien el yugo de servicio debido a su espíritu manso que no haría nada de eso. Si una aldea no lo recibía, Él iba a la siguiente, y así seguía trabajando. Es el espíritu de orgullo el que se cansa de hacer el bien si encuentra que sus esfuerzos no son apreciados; pero el espíritu valiente y manso encuentra que el yugo es fácil: «Considerad a aquel que sufrió tal contradicción de pecadores contra sí mismo, para que vuestro ánimo no se canse hasta desmayar» (He. 12:3). Si aprendes la mansedumbre del Señor, su yugo será agradable para tus hombros, y nunca desearás que te lo quiten.

> El espíritu humilde no va tras grandes cosas para sí mismo; aprende a estar contento en cualquier estado en que se encuentre.

Entonces, en cuanto a la parte pasiva de nuestra lección sobre el descanso, observa el texto: «Soy... humilde de corazón». Mientras estemos aquí, todos tendremos que soportar algo por causa de la verdad. El oprobio es parte del evangelio. La vara es una bendición del pacto. El corazón humilde encuentra ligera la carga debido a que acepta la voluntad divina. El corazón humilde declara: «No se haga mi voluntad, sino la tuya; sea Dios glorificado en mí. Si el grandioso Dios obtiene la gloria, ¿qué importa dónde coloquen a un pequeño como yo?».

El espíritu humilde no va tras grandes cosas para sí mismo; aprende a estar contento en cualquier estado en que se encuentre. Nuestro bendito Señor siempre fue de ese espíritu humilde. No peleó, no gritó ni hizo escuchar su voz en las calles. Las baratijas del imperio no tuvieron encanto para Él. Si la fama se hubiera ofrecido a hacer sonar la trompeta solo para Jesús, a Él no le habría importado un comino la oferta. El tentador le ofreció los reinos y la gloria de este mundo, y los rechazó. El Señor era gentil, discreto y abnegado; de ahí que tratara su carga de pobreza y vergüenza como algo ligero. Si aprendemos alguna vez del Espíritu de Cristo, hallaremos descanso para nuestras almas.

Pero debemos observar que es evidente que el descanso que

hemos de encontrar surge totalmente de nuestro espíritu que se está conformando al Espíritu de Cristo. «Aprended de mí... y hallaréis descanso». Resulta ser entonces un descanso espiritual totalmente independiente de las circunstancias. Es una idea vana nuestra suponer que, si nuestras circunstancias se alteraran, estaríamos más tranquilos. Mi hermano, si no puedes descansar en pobreza, tampoco lo harás en riqueza; si no puedes descansar en medio de la persecución, tampoco lo harás en medio de la honra. Es el espíritu interior el que da el reposo, el cual tiene poco que ver con algo exterior. Hay seres humanos que se han sentado en tronos y han descubierto que son lugares incómodos, mientras que otros en medio de duras pruebas han declarado que se hallaban descansados. Permite que tu mente sea como la mente de Cristo, y hallarás descanso para tu alma: un descanso profundo y creciente, un descanso que se puede encontrar más y más, un descanso permanente. La justificación te da descanso de la carga del pecado; la santificación te dará descanso de las preocupaciones molestas; y en proporción a medida que se perfeccione y llegues a ser como tu Salvador, tu descanso se volverá más como el del cielo.

Al igual que con el descanso anterior, aquí se nos lleva a adorar y admirar la bendita persona de nuestro Señor. Observa las palabras «que soy». ¡Ah! Todo viene de Él todavía, el segundo descanso tanto como el primero, el cofre y el tesoro en el cajón secreto. Todo gira allí: «Que soy». Al describir el segundo descanso se dice más con relación a Él que en el primero. En la primera parte de nuestro texto solo dice: «Yo os haré descansar», pero en la segunda parte se explica su carácter con mayor detalle: «Que soy manso y humilde de corazón», como para mostrar que a medida que los creyentes crecen en gracia y disfrutan más descanso, ven más de Jesús y conocen más de Él. Todo lo que saben en cuanto a que el pecado es perdonado es que es Él quien lo otorga, pero después, cuando llegan a descansar en dulce comunión con Él, conocen más de los atributos divinos personales, y de ahí que el descanso que experimentan se vuelve más profundo y perfecto.

Ahora, el uso práctico de todo esto. Lee el capítulo y encuentra la clave. En primer lugar, mi hermano querido, si hallas descanso para tu alma, no serás conmovido por el juicio de los hombres. Lleva el yugo de Cristo en ti y vive para servirle. Toma la carga de Cristo, procura soportar todo por su causa, y no serás afectado ni por la alabanza ni por la censura, porque hallarás descanso para tu alma al rendirte a la voluntad del Padre. Si aprendes de Jesús tendrás descanso del temor a los hombres.

Después serás liberado de la impaciencia por la falta de éxito. Jesús «comenzó a reconvenir a las ciudades en las cuales había hecho muchos de sus milagros, porque no se habían arrepentido» (Mt. 11:20). Él había realizado sus poderosas obras y predicado el evangelio, y ellas no se arrepintieron. ¿Estaba Jesús desanimado? ¿Estuvo dispuesto, como a veces ocurre con nosotros, a renunciar a la obra? No; su corazón descansaba incluso entonces. Si llegamos a Jesús, nosotros también hallaremos descanso.

Luego, nuestro Señor denunció también a aquellos que no se arrepentían. Les advirtió a los que habían oído el evangelio y lo habían rechazado, que en el día del juicio habría más tolerancia con Sodoma y Gomorra que con ellos. Hay algunos que tienen problemas con los juicios de Dios y declaran que no pueden soportar la idea de la condenación de los impenitentes. ¿No se debe esto a que no llevan la carga del Señor, sino que son obstinados? A los santos se les describe en el libro de Apocalipsis cantando: «¡Aleluya!», mientras el humo de Babilonia «sube por los siglos de los siglos» (Ap. 19:3). No recibiremos con humilde fe el juicio de Dios en su

DESCANSO, DESCANSO

terror hasta que tomemos el yugo de Cristo y seamos humildes de corazón. Cuando seamos como Jesús, no sentiremos que el castigo sea demasiado para el pecado, sino que simpatizaremos con la justicia de Dios y diremos «amén». Cuando la mente es humilde no se aventura a juzgar a Dios, sino que descansa en la convicción de que el Juez de todo debe estar haciendo lo correcto.

Así que regresemos una vez más a la soberanía divina. Al aprender sobre Jesús también descansaremos en referencia a los decretos divinos; nos regocijaremos en lo que el Señor determine. La predestinación no nos entristecerá, sino que le agradeceremos a Dios por todo lo que ordena.

Ahora bien, no sé si estoy en lo cierto, pero al considerar este texto desde varios puntos de vista, se me ocurrió que tal vez nuestro Salvador pretendió transmitir una idea de comunión más profunda de la que ya hemos considerado. ¿No quiso Él decir esto: que llevaba un yugo sobre sus hombros al cual llama «mi yugo»? Cuando se uncen los bueyes, por lo general, son dos. Ahora creo que el Salvador nos dice: «Estoy usando un extremo del yugo en mis hombros; ven, mi discípulo, coloca tu cuello debajo del otro lado de él, y luego aprende de mí. Sigue mi paso, sé igual a como yo soy, haz lo que yo hago. Soy manso y humilde de corazón. Tu corazón debe ser como el mío y luego obraremos juntos en comunión bendita, y descubrirás que trabajar a mi lado es una dicha, porque mi yugo es fácil para mí y lo será para ti. Entonces ven, verdadero compañero de yugo, ven y únete a mí, toma mi yugo sobre ti y aprende de mí». Si ese es el significado del texto, y tal vez lo sea, nos invita a una comunión más cercana y honorable. Si este no es el significado del texto, es en todo caso una posición que debemos buscar, trabajar juntos con Cristo, llevar el mismo yugo. Tal sea nuestra suerte. Amén.

5

¡Confía en Él!
¡Confía en Él!

RESUMEN:
El ser humano debe confiar de manera plena y total solo en Jesucristo para salvación. La confianza debe ser sin expectativa de señales o experiencia física, sino la creencia de que Jesucristo nos ha salvado.

CITAS DESTACADAS:
«El que cree en Dios ya no es su enemigo».

«Te ruego que confíes en Jesús de una vez por todas».

«Este es mi punto, y es de importancia primordial. Los pecadores, como pecadores, deben creer en Jesús para vida eterna».

5

¡Confía en Él!
¡Confía en Él!

Y al entrar en una aldea, le salieron al encuentro diez hombres leprosos, los cuales se pararon de lejos y alzaron la voz, diciendo: ¡Jesús, Maestro, ten misericordia de nosotros! Cuando él los vio, les dijo: Id, mostraos a los sacerdotes. Y aconteció que mientras iban, fueron limpiados.

LUCAS 17:12-14

VARIOS TEMAS INTERESANTES se pueden encontrar en estos versículos. Aquí vemos el abundante fruto del pecado (diez leprosos en un grupo) y la abundancia del poder divino para hacerle frente, porque todos fueron limpiados. Así también, vemos cómo Cristo debe venir primero, y las ceremonias después; primero la obra de la gracia, y luego la demostración externa de ella. La ternura del Señor hacia los rechazados, su atención a las oraciones hechas desde lo lejos y su consideración por la ley ceremonial mientras estuvo en vigor podrían dar lugar a una meditación instructiva. Sin embargo, solo quiero resaltar una idea.

El Salvador exigió que estos diez leprosos realizaran un acto de fe en Él antes que tuvieran la más leve evidencia en sí mismos de que el Señor había hecho una buena obra en ellos. Antes que comenzaran a sentir limpia su sangre sucia, antes que la horrible sequedad de la lepra hubiera dado paso a un sudor saludable, ellos debían ir a la casa en que el sacerdote vivía para ser examinados por él y ser declarados limpios. Debían dirigirse al lugar donde serían examinados por el sacerdote, creyendo que Jesús los había curado, o que los curaría, aunque aún no tuvieran ninguna evidencia interna de que su carne se volvería como la de un niño pequeño.

> Este es mi punto, y es de importancia primordial. Los pecadores, como pecadores, deben creer en Jesús para vida eterna.

Este es el punto en el cual deseo insistir: el Señor Jesucristo pide a los pecadores que crean en Él y le confíen sus almas, aunque aún no puedan discernir en ellos ninguna obra de la gracia divina. Así como estos hombres eran leprosos, y nada más que leprosos, así tú podrías ser pecador, y nada más que pecador; sin embargo, se te pide que exhibas fe en Jesucristo mientras seas exactamente lo que eres. Así como estos hombres debían dirigirse al sacerdote con toda la blanca lepra en ellos, e ir como si sintieran que ya estaban curados, así tú, con toda tu pecaminosidad sobre ti y tu intenso sentido de condenación en el alma, tal como eres, debes creer en Jesucristo, y encontrarás vida eterna al instante. Este es mi punto, y es de importancia primordial. Los pecadores, como pecadores, deben creer en Jesús para vida eterna.

SEÑALES QUE BUSCAN LOS INCONVERSOS PARA CREER EN CRISTO

En primer lugar, debemos creer en Jesucristo porque Él nos cura de la gran enfermedad del pecado. No debemos buscar señales y evidencias dentro de nosotros antes de aventurar nuestras almas a Jesús. Una de las señales más frecuentes es una conciencia de gran pecado y un horrible terror a la ira divina que llevan a la desesperación. Por extraño que parezca, constantemente nos encontramos con personas que afirman: «Yo podría creer en Jesucristo si me sintiera más agobiado por una conciencia de pecado. Podría confiar en Él si estuviera más enteramente impulsado al abatimiento y la desesperación, pero estoy seguro de que no estoy suficientemente abatido y, por tanto, no puedo confiar en Cristo».

Extraña idea, ¡que si la noche fuera más oscura veríamos mejor! Extraña idea, ¡que si estuviéramos cerca de la muerte tendríamos mejor esperanza de vida! Bueno, amigo mío, estás hablando y actuando en clara desobediencia a Cristo, porque el Señor quiere que confíes en Él, no basándote en que sientas mucho o poco, o en que sientas algo, sino simplemente debido a que estás enfermo y a que Él ha venido a curarte.

Si dices: «Señor, no puedo confiar en ti a menos que sienta esto o aquello», en realidad esto es lo que declaras: «Puedo confiar en mis propias sensaciones, pero no puedo confiar en el Salvador designado por Dios». ¿Qué es esto sino hacer de tus sensaciones un dios y un salvador de tus penas internas? ¿Ha de salvarte tu propio corazón con sus siniestras insinuaciones contra el amor divino? ¿Acaso la incredulidad, después de todo, te proveerá salvación porque te niegas a creer en tu Dios? ¿Existe entonces un nuevo evangelio, que asegura: «El que niega el poder de Jesús y se desanima del amor divino será salvo»?

Tú sabes que Jesús, por medio de su sangre preciosa, justifica a los impíos y limpia a los malvados de su pecado. Pero, a pesar de saber que esto es cierto, expresas: «No puedo confiar en su expiación plena a menos que sienta que mi culpa es imperdonable». Oro porque nunca sientas como neciamente crees que deberías sentir, pues los sentimientos de desesperación deshonran al Señor y vejan su Espíritu, y sin duda alguna no puede ser bueno para ti. Resulta ser así: estás haciendo un dios de tu desesperación y un Cristo de tus horrores, por lo que estás implantando un anticristo en el lugar en que solo Cristo debería estar. Te ruego que confíes en Jesús de una vez por todas.

> Te ruego que confíes en Jesús de una vez por todas.

¿Puedes confiar en Jesús? Porque eso es lo que Él te pide que hagas. ¡Que extraño parece que alguien plantee una pregunta acerca de confiar en *Jesús*! ¡Qué absurdo y ofensivo estar dispuestos a confiar en nuestros sentimientos y no confiar en el Salvador!

Estos diez leprosos no sintieron ningún cambio en ellos cuando Jesús les ordenó que fueran a ser examinados por el sacerdote; sin embargo, salieron para allá y, mientras iban, fueron sanados. Confía en Jesucristo tal como eres, sin esos sentimientos que hasta ahora has supuesto que son necesarios como una especie de preparación.

Muchas otras personas piensan que, antes de poder confiar en Cristo, deben experimentar gozo. ¿Vas a encontrar maldad incluso en nuestros deleites? ¿Vas a alimentar tu incredulidad con el gozo del Señor? ¡Qué extraña perversidad! Dirás: «¿Por qué no debo ser feliz antes de creer en Cristo?». ¿Qué? ¿Qué? ¿Debes tener el gozo antes de ejercitar la fe? ¡Qué irrazonable! Porque yo te diga que tal o cual

¡CONFÍA EN ÉL! ¡CONFÍA EN ÉL!

raíz produce un fruto dulce, ¿dirás que debes tener el fruto antes de aceptar la raíz? Sin duda ese es un mal razonamiento. Nosotros, que hemos experimentado este gozo vinimos a Cristo para obtenerlo, y no esperamos hasta encontrarlo, o de lo contrario debíamos haber esperado hasta ahora. Llegamos a Jesús tal como estábamos, confiamos en Cristo y fuimos restaurados. Luego siguieron el gozo y la paz. Antes que el Señor Jesús pueda consolarte o sanarte debes acudir a Él de manera consciente, hacer sencillamente lo que te ordena y confiar en Él para salvarte. Ni la oscuridad del horror ni el resplandor del deleite deben esperarse antes que la fe, sino que la fe (confianza humilde en Cristo) debe preceder a todo.

Hemos conocido a otros que han esperado tener un texto grabado en sus mentes. Una especie de superstición de que un pasaje bíblico especial debe, de alguna manera u otra, cernirse sobre la mente y continuar allí, de modo que no pueda quitárselo de encima, y entonces espera ser salvo. Espero no haberte enseñado nunca a sacar tal conclusión. Lejos esté de mí ayudarte a tener una confianza con tan cuestionable fundamento. El espíritu de Dios a menudo aplica las Escrituras con poder para el alma, pero este hecho nunca se presenta como la roca sobre la cual debamos edificar. Recuerda, si no es la verdad, una grabación en tu mente no la hará verdadera, y si es verdadera, ¿por qué no creerla? Como lector de las Escrituras, no debes caer en la idea de que debes esperar hasta que algún pasaje se abra paso en tu alma, sino que debes leer con atención y creer lo que el Señor Dios te dice.

Además, yo tendría que recordar que no es leer las Escrituras lo que te salva, sino creer en Cristo. ¿Qué dijo el mismo Señor a los lectores de la Biblia de su época?: «Escudriñad las Escrituras; porque a vosotros os parece que en ellas tenéis la vida eterna; y ellas son las que dan testimonio de mí» (Jn. 5:39). Por bueno que sea el estudio de las Escrituras, no es nada si no vienes a Cristo. Solo leerás tu propia condenación en la Biblia si permaneces fuera de Cristo. Incluso la Biblia misma puede convertirse en piedra de tropiezo si en lugar de acercarte a Cristo y poner tu confianza en Él, lo sustituyes por la lectura bíblica.

Tu acción inmediata es confiar en Jesús, y ninguna cantidad de lectura compensará el abandono de la fe. ¿Qué pasaría si ningún texto especial de las Escrituras fuera colocado alguna vez en tu corazón?, y, sin embargo, aquí está: «Cree en el Señor Jesucristo, y serás salvo» (Hch. 16:31). Esa es tu actividad, querido amigo, si quieres obtener paz inmediata.

> **Es Cristo quien quebrantará tu corazón, no tú quien deba quebrantarlo para luego acudir a Él con tu corazón ya quebrantado.**

Hay otro modo en que algunos individuos intentan no creer en Cristo: esperan que se manifieste en ellos una conversión real antes de confiar en el Salvador. Ahora bien, comprende que Cristo no ha obrado salvación en ninguna persona que no se haya convertido. Debe haber un giro perfecto en nosotros, una conversión completa del pecado a la santidad. Pero eso es salvación, no es una preparación para la salvación. Conversión es la manifestación del poder sanador de Cristo. Pero no puedes tener este poder antes de confiar en Él; debes confiar en Jesús para obtenerlo. ¿Por qué tú, pobre y desdichado pecador, declaras: «No soy un santo. No puedo ser salvo»? ¿Quién dijo que eras un santo? Es la obra de Cristo convertirte en santo. «Ah, pero no me arrepiento como debería». Es la obra de Cristo hacer que te arrepientas como deberías. «Ah, pero mi corazón no se quebrantará». Es Cristo quien quebrantará

¡CONFÍA EN ÉL! ¡CONFÍA EN ÉL!

tu corazón, no tú quien deba quebrantarlo para luego acudir a Él con tu corazón ya quebrantado.

Ven a Jesús, así como estás, con tu corazón duro, de piedra e insensible, y confía aquello y todo lo demás a su poder salvador. Alguien afirma: «Parece que ni siquiera tengo un fuerte deseo». Cristo mismo otorga todo deseo espiritual por su Espíritu Santo. Él es un Salvador que empieza el alfabeto de misericordia en la A. No te pide que llegues a la B, la C o la D, para entonces prometer encontrarte, sino que empieza en el principio. Cuando el buen samaritano se encontró con el hombre golpeado por los ladrones, fue hasta donde el golpeado se encontraba. Eso es lo que Jesús hace. Él no declara: «Pues bien, entonces, tú, hombre herido, levántate y ven hacia mí, y yo derramaré sobre ti el aceite y el vino». No, sino que va donde yace el herido en total desamparo, se inclina sobre él, le quita los harapos, le limpia las heridas, lo unge con aceite y vino, lo levanta y lo lleva a la casa de misericordia. ¡Pobre alma! Mi Amo no es un Salvador a medias, sino uno completo; y si yaces en las puertas de la muerte, muy cerca de las puertas del infierno, Él puede salvarte como si estuvieras sentado en la entrada del cielo. Exactamente donde estés y como estés, confía en Cristo para que te salve, y serás salvo. No busques primero la conversión, sino espérala como resultado de la fe.

Hemos conocido a algunos que tuvieron una idea muy curiosa, que apenas puedo expresar en palabras, concretamente, que si fueran salvos habrían experimentado alguna sensación muy única. Podrían creer en Cristo si se sintieran de una manera misteriosa. Uno diría: «Ah, me siento muy excepcional». Sí, y muchos que ahora mismo están en el manicomio podrían decir lo mismo. ¿Qué importa lo que sientas? No son los sentimientos los que te salvarán. Creer en Jesús te traerá las bendiciones de gracia, pero los sentimientos extraños se pueden producir por lo que has comido, o por el clima, por histeria o por centenares más de cosas. La emoción no salva a nadie. Muchas personas se llenan de lágrimas por una novela o una obra de teatro, pero ¿cuál es el beneficio? Puedes estar conmovido con emoción religiosa, y la mitad de la emoción puede ser puramente física, y puede que no haya nada de la gracia de Dios en ella. El mismo hecho de que puedas creer, y creas, tiene en sí la fuerza esencial por la cual serás liberado de la alienación de tu mente. El que cree en Dios ya no es su enemigo. Pronto aprendemos a amar a aquellos en quienes confiamos. Como ves, esto no exige sensación singular o emoción; esto es suficientemente simple y claro. La mejor evidencia no es confiar en marcas, señales, certidumbres, sentimientos internos, impresiones, etc., sino tan solo en salir de eso y confiar en Jesús. Allí está la esencia del cambio salvador, pasar del yo hacia el Señor Dios en Cristo Jesús.

> El que cree en Dios ya no es su enemigo.

Cierto marinero tiene un ancla fina, una de las mejores anclas construidas que se han usado en la marina. La tiene a bordo de su barco y, sin embargo, no le sirve de nada. Mientras la herramienta esté en el barco, no responde al propósito para el que fue creado: La nave va a la deriva con el ancla a bordo. El marinero la arrastra hacia la cubierta y la observa. ¡Qué ancla! ¿No lo mantendría seguro en el día de la tormenta? Los vientos aúllan y las olas rugen, pero él se siente seguro con su ancla a bordo. Necio, esta ancla no tiene ningún uso mientras puedas verla. El anclaje de un barco no puede estar en la propia nave. ¿Qué debes hacer con ella? Tirarla por la borda. Dejarla caer a las profundidades, incluso hasta el fondo del mar. Pues bien, alma mía, lanza por la borda tu ancla de confianza.

No permitas que cuelgue de tus sentimientos, de tus impresiones o de cualquier cosa que haya en ti. Déjala caer por la borda, a las aguas profundas del amor infinito, deja que se aferre a Jesús. Tu esperanza debe estar fuera de ti, porque mientras tu confianza esté en tu interior, o dependa de ti, es como un ancla a bordo que solo aumenta el peso del barco, pero sin duda no puede ayudar a tu nave en el día de la tormenta.

LA RAZÓN PARA CREER EN JESÚS

¿Qué garantía tengo yo, como pecador, para confiarme a Jesucristo? No es necesario buscar alguna garantía dentro de nosotros mismos. La garantía para que creamos en Cristo radica primero en la garantía de Dios con relación a su Hijo Jesucristo. Dios, el Padre eterno, ha presentado a Cristo como «la propiciación por nuestros pecados; y no solamente por los nuestros, sino también por los de todo el mundo» (1 Jn. 2:2). ¿Quieres algo más que eso? «El que no cree a Dios, le ha hecho mentiroso, porque no ha creído en el testimonio que Dios ha dado acerca de su Hijo» (1 Jn. 5:10). ¿Qué puede ser más firme que la voz de Dios, quien no puede mentir? Amado hermano, siento como si realmente no debería traer ninguna otra evidencia delante de ti. Parecería como si ofendiera al Señor cuando intento defenderlo, como si su verdad perfecta necesitara mi testimonio para apoyarla. Y cuando su testimonio es que Él es un Dios listo para perdonar a los culpables, esperando perdonar a todos aquellos que confían en su Hijo, ¿por qué deberíamos dudar de una declaración tan bondadosa? Confía en tu Salvador y no plantees más dudas.

La próxima garantía para nuestra fe es Jesucristo mismo. Él da testimonio en la tierra, y su testimonio es verdadero. Considera quién es este Cristo en quien se nos pide que confiemos. Mira su persona. Él es Dios, «su Hijo Jesucristo... es el verdadero Dios» (1 Jn. 5:20). ¿Podemos dudar de Él? Él es perfectamente hombre y asumió por nosotros la condición de hombre perfecto. ¿Podemos dudar de Él? Cristo vivió una vida perfecta. ¿Mintió alguna vez? ¿Quién puede acusarlo de falsedad? Él murió, «el justo por los injustos, para llevarnos a Dios» (1 P. 3:18), y Dios aceptó el sacrificio de su amado Hijo. ¿Qué prueba más segura de su veracidad puede darnos que su muerte a favor de nosotros?

Dime en qué ha sido falso mi Señor. Oh, hijo de hombre, dime cuándo se negó a recibir a un pecador que acudió a Él. Tú sabes que Jesús resucitó de los muertos, que ascendió al cielo, que ahora se sienta a la diestra de Dios, que dentro de poco vendrá, ¿y te atreves a tratarlo como un simple farsante? ¿Puedes no confiar en Él? ¿Te atreves a desconfiar de Él? ¿Quieres más señales y prodigios aparte de los que hay en Él mismo? Si alguien se levantara de los muertos, no le creerías si no crees en Jesús; pues tienes más que Moisés y los profetas cuando tienes al mismo Cristo resucitado de entre los muertos. ¿No confiarás en Él? Deposita en este instante tu alma en Él y créele tal como eres, y te salvará. No se retractará de su palabra, sino que lavará tu culpa en su propia sangre si consientes en ser limpio.

Otra garantía para creer radica en que Dios te ordena que creas: «Cree en el Señor Jesucristo, y serás salvo» (Hch. 16:31). Y este mandato lo hemos recibido de nuestro Maestro: que prediquemos en su nombre este evangelio a toda criatura debajo del cielo, ordenándote que creas en Él. Este mandato divino es suficiente garantía para ti. La puerta está abierta, entra. El banquete está servido, come. La fuente está llena, lávate.

Solo agregaré algo más: me atrevo a decir que estos pobres

¡CONFÍA EN ÉL! ¡CONFÍA EN ÉL!

leprosos creyeron en Jesús porque habían oído hablar a otros leprosos a quienes el Señor había limpiado. Ahora bien, aquí está uno delante de ti, un representante de muchos más en este lugar que, si este fuera un momento adecuado, se levantaría y diría lo mismo. Yo vine a Jesús repleto de pecado, culpable y perdido, con corazón duro y espíritu acongojado; y miré hacia Él confiando en que solo Él me salvaría. Y me salvó. Ha cambiado mi naturaleza. Ha borrado mi pecado y me ha hecho amarlo y amar todo lo que es bueno, verdadero y generoso, por su causa. Por tanto, confía en mi Señor Jesús y sentirás el mismo milagro realizarse en ti.

¿A QUÉ CONDUCE CONFIAR EN JESÚS?

¿A qué conduce esta doctrina de «confiar solo en Jesús»? ¿Cuál es el resultado y la consecuencia de confiar en Jesús sin marcas, indicios, evidencias y señales? En primer lugar, la misma existencia en el alma de una fe como esa es evidencia de que ya hay un cambio salvador. Esto mostrará que has llegado a ser obediente a Jesús, y obediente en un asunto contra el que tu orgullosa voluntad ha luchado durante mucho tiempo. Por naturaleza, todo ser humano se resiste a confiar simplemente en Cristo y, cuando al fin cede al método divino de misericordia, esta resulta ser una rendición virtual de su propia voluntad, del fin de la rebelión, del establecimiento de la paz. Fe es obediencia. Fe es la evidencia de que la guerra ha terminado por rendición incondicional.

En un sentido, la fe para nada es una obra, y en otro sentido es la más grande de todas las obras. Aquí es donde Dios y tú están en desacuerdo: tú quieres ser salvo por medio de algo en ti, pero Dios dice que te salvará si confías en Cristo. Ahora bien, si tal como como eres confías en Cristo, esta será una evidencia de que te has hecho obediente a Dios, y tan obediente que indudablemente en tu naturaleza ha tenido lugar una renovación completa, profunda y radical.

También esta confianza en Cristo será evidencia de que eres una persona humilde, porque es el orgullo el que hace que los seres humanos anhelen hacer algo, o ser algo, en su propia salvación, o ser salvados en alguna forma maravillosa para que puedan contar a otros lo maravillosamente que resultaron salvos. Cuando estás dispuesto a ser salvado como un pobre e inútil pecador que eres, entonces ya eres salvo del orgullo. No te felicitaré; eres un pecador miserable e inútil que, si confías en Jesús, demostrarás que eres humilde, y esta será una buena evidencia de que ha ocurrido un cambio en tu espíritu.

Repito, la fe en Jesús será la mejor evidencia de que te has reconciliado con Dios, porque la peor evidencia de tu enemistad hacia Dios es que no te guste el camino de salvación de Dios. Tú, el pecador, estás tan en guerra que irás al infierno antes de ser salvado a la manera de Dios. De eso se trata. Y, cuando renuncies a eso, habrá evidencia de un gran cambio en ti. Ahora no hay batalla en ti, porque has acordado confiar en Cristo. Dios ha confiado su honor en las manos de Cristo, y tú estás confiando tu alma en sus manos, de manera que Dios y tú han acordado ahora honrar a Jesús. El momento en que confiaste en Cristo, ese simple acto se convierte en una clara admisión y prueba indiscutible de que ha ocurrido un gran cambio en tu relación con Dios y en tus sentimientos con respecto a Él.

Ahora, fíjate, en poco tiempo te volverás maravillosamente consciente de que eres salvo. Muchas personas son salvas, y por un tiempo cuestionan la verdad de la obra bondadosa, pero a su debido tiempo la bendición se les clarifica. Cuando un individuo

¡CONFÍA EN ÉL! ¡CONFÍA EN ÉL!

confía en Jesús, como estos diez leprosos hicieron, y actúa de acuerdo con esa confianza, siempre sale algo bueno. ¡Mira a los diez hombres! Ellos se dirigen al sacerdote, aunque todavía no se han sentido curados. Están actuando en la autoridad de Cristo, y Él no los pondrá en ridículo, porque los que confían en Él no serán avergonzados ni confundidos. Deben comenzar a caminar antes de sentir la curación, pero la sentirán a medida que avanzan.

Y para ti también, al confiar en Cristo sin ninguna sensación de algo bueno, no pasará mucho tiempo antes que sientas el bendito poder de Cristo en tu corazón.

Oh, querido amigo, si confías en Jesús en medio de la oscuridad, un día entrarás a la luz; y aunque nunca llegues a disfrutar de comodidad, todavía estarías seguro. Si en todo el camino entre este lugar y el cielo nunca tuvieras la conciencia de ser salvo, pero has confiado en Cristo, debes ser y serás salvo, pues Dios no puede permitir que la fe en Él sea ejercida en vano. Dentro de poco, si confías en Jesús conocerás su amor. Confía en Él cuando te hundas, y nadarás. Confía en Él cuando te sientas morir, y vivirás. Si confías en Él antes que sientas alguna obra de gracia sobre ti, pronto descubrirás que en ti había una obra de gracia, aunque no la discernías. Si confías en el Señor, ya eres sujeto de un poder divino, porque nada menos que la gracia omnipotente podía llevarte a creer y vivir. El estado y el acto de fe son la sencillez misma, pero para llevarnos a esa sencillez, Dios mismo debe crearnos de nuevo.

A fin de juntar todo, si estás listo para venir a Cristo y confiar en Él sin nada de milagros, señales o evidencias, tienes dentro de ti un poder que te llevará a través de la vida y te preservará en santidad hasta el final. Este es un gran inicio en la vida para ti, pobre pecador: comenzar confiando solo en Cristo resulta ser un principio glorioso. Tal fe únicamente en el Señor ha sido un acto culminante para muchas vidas santas y, no obstante, tú, pobre pecador, puedes ejercer esta misma fe siendo aún bebé en Cristo. A menudo tendrás que confiar de este modo en la vida futura y, por tanto, es bueno comenzar sabiendo cómo tendrás que continuar. Serás guiado (en los negocios, en la familia y en las varias pruebas de la vida) a tal condición que tendrás que ejercitar una fe de la misma clase que aquella con la que empiezas. Así que me gustaría que aprendieras la lección mientras eres joven en Cristo. Tendrás que declarar: «Aunque soy la debilidad y la pobreza misma, y no veo cómo puedo recibir mi provisión, al igual que los cuervos y los gorriones reciben su alimento, así lo recibiré yo. Por eso echo mi desnudez sobre Dios por vestido, y mi hambre sobre Dios por comida; y mi propia vida la echo sobre Él para que la preserve entre las garras de la muerte».

> Asegúrate de obtener un fundamento que no se pueda mover, porque la vida tiene muchas pruebas, y pobre el hombre cuyos cimientos le fallen.

Esta es una gran fe, y debes comenzar allí, porque si no lo haces, no has comenzado a construir sobre la Roca. Tu primer rumbo debe ser la Roca viva, o de lo contrario todo será inseguro. Empezar bien es la mitad de la batalla. Asegúrate de obtener un fundamento que no se pueda mover, porque la vida tiene muchas pruebas, y pobre el hombre cuyos cimientos le fallen. Esta es una gran fe tanto para morir como para vivir.

Ahora las cortinas están cerradas y no hay luz del sol, y las voces de los amigos comienzan a fallar. Alma mía, ahora estás a punto de lanzarte al mundo invisible. ¿Qué harás ahora? ¡Qué, en realidad, sino desfallecer en los brazos de tu Padre y Dios! Oh, si has aprendido desde el principio a confiar debido a lo que Jesús es, y no a lo que tú eres, entonces sabrás cómo morir. Porque al estar allí, en la posibilidad de la gran causa, temores vendrán, dudas aparecerán y terrores llegarán si miras dentro, o hacia atrás, de tu vida pasada y tratas de encontrar confianza allí. Pero si puedes decir: «Salvador mío, en tus manos encomiendo mi espíritu: mi alma desnuda vuelvo a poner en tus manos traspasadas», entonces puedes exhalar tu último suspiro en paz, sabiendo en quién has creído y estando persuadido de que Él es poderoso para guardar lo que le has encomendado hasta aquel día.

Mi deseo, pues, es que comiences, tal como esos pobres leprosos hicieron, tomando simplemente la palabra de Cristo y siguiendo tu camino con la fortaleza de esa palabra antes que en tu interior sientas algún cambio esperanzador. En esta forma, cuando tengas que morir, podrás buscar la gloria y esperarla, aunque su brillo aún no te haya transfigurado. Esperanza que se ve no es esperanza, pero gloriosa es la fe que ve al que es invisible y capta la sustancia de las cosas que aún no se ven. Por este poder incluso ahora anticipo los gozos de los cielos superiores. Confía en el Señor para la gloria como una vez confiaste en Él para recibir gracia, y pronto descubrirás que sus más espléndidas promesas son seguras.

6
Dulce paz para creyentes probados

RESUMEN:
El alma que ha puesto en Jesús toda su confianza y esperanza encuentra la paz más verdadera y dulce que se pueda hallar. Tal paz se logra solamente por el ministerio y las promesas cumplidas por el Señor Jesucristo.

CITAS DESTACADAS:
«Recuerda, entonces, que no puedes esperar tener paz por ti mismo».

«Que el brillo de tu armadura no se manche con el óxido del miedo. Vencerás tan seguramente como tu Señor ha vencido».

«Oh, amigo, Cristo tiene paz suficiente y de sobra. Él mismo es personalmente el manantial profundo de una paz interminable, y por tanto podemos entender por qué siempre encontramos paz en Él».

6

Dulce paz para creyentes probados

Estas cosas os he hablado para que en mí tengáis paz. En el mundo tendréis aflicción; pero confiad, yo he vencido al mundo.

JUAN 16:33

ESTE PASAJE MÁS encantador ocurre al final del último de los sermones de nuestro Salvador antes de ir al Padre. Atesorémoslo almacenando las últimas palabras de un hombre. Este sermón es maravillosamente completo: es parte de su última oración y se eleva por sobre todas las demás súplicas de los hombres. Puede que este discurso de despedida ocupe solo un corto espacio en las Escrituras, pero las ideas que sugiere son tantas que supongo que el mundo mismo difícilmente podría contener los libros que podrían escribirse al respecto. Nuestro Señor solo tardó un momento en pronunciar algunas de esas frases, pero nos tomará toda una vida comprenderlas. Nunca veremos todas las riquezas de la gracia de este sermón hasta que nos hayamos levantado más allá de estas neblinas y nubes hacia la atmósfera más clara de los cielos despejados. Mientras tanto, apliquemos nuestro corazón y nuestra mente a la consideración de estas últimas palabras del más grande de todos los predicadores, ¡y que el Espíritu de nuestro Dios nos abra el entendimiento!

Observa lo eminentemente práctica que es la predicación de nuestro Señor Jesús. Nunca encuentras que el Maestro pronuncie una sola frase para lo que los oradores suelen denominar «efecto». Él nunca lanza un trozo bonito aquí y allá para que la humanidad vea lo poética que puede ser la mente que posee. Nunca se desvía un poco para presentar algo que era bastante innecesario en la visualización del tema. Nada muy pequeño o egoísta gobierna la mente de Jesús. Por eso en este caso adoptó al final el método de resumir. Podríamos, mediante un estudio diligente, haber encontrado el sentido práctico del discurso del Salvador, pero no solo quería que pudiéramos ver lo que Él buscaba, sino que deberíamos estar seguros de verlo. Y así lo expresa en el más claro de los lenguajes: «Estas cosas os he hablado para que en mí tengáis paz». Valoremos en gran manera esta conclusión ministerial del Salvador. Nuestro Señor terminó como empezó. Él es nuestra paz; vino a traerla y nos la dejó al marcharse.

EL CREYENTE TIENE PAZ EN CRISTO

Es digno de cuidadosa consideración el hecho de que en Jesús mismo siempre estuvo presente una paz perdurable. Él tenía paz. Si no hubiera tenido paz, nosotros mismos no podríamos haberla tenido en Él. Lee toda la vida del Señor y medita en cualquiera de sus maravillosas características, y lo encontrarás perfecto; pero si estudias su existencia con sumo cuidado hasta destacar la hombría, el dominio personal y el porte sosegado y pacífico que manifestó en medio de la confusión y provocación que enfrentó, descubrirás que es un maestro en el arte de la paz.

Nunca el ser humano hizo tanto para afectar al Señor, pero Él nunca fue afectado. Nunca lo apartaron de lo que había decidido hacer, porque endureció su rostro como un pedernal y porque su Espíritu no era de este mundo cambiante. Los hombres podían oponérsele, pero Jesús soportó con maravillosa longanimidad gran contradicción de pecadores contra Él. Cuando sus ansiosos e insensatos discípulos lo presionaban para que se adelantara o se atrasara, Él no se movía en una dirección ni en la otra. La trayectoria de la vida de Cristo es la omnipresencia del Padre. Dondequiera que lo veas, verás este texto expuesto: «Ustedes huirán cada uno por su lado y a mí me dejarán solo. Pero no estoy solo, porque el Padre está conmigo» (Jn. 16:32, NBV).

Ahora bien, este hecho de que Jesús sintiera la presencia del Padre lo llenó de una paz inquebrantable. Ni siquiera en Getsemaní se destruyó esa paz. Cuando su alma estaba sumamente triste, incluso hasta la muerte, Jesús sabía dónde estaba su Padre, y que lo sostenía. Creía firmemente que una palabra de su Padre le traería más de doce legiones de ángeles para rescatarlo. Esa es la posición de favor que aún ocupa con Dios, incluso cuando el pecado del ser humano se ha puesto en Jesús. Oh, amigo, Cristo tiene paz suficiente y de sobra. Él mismo es personalmente el manantial profundo de una paz interminable y, por tanto, podemos entender por qué siempre encontramos paz en Él. Su infinita paz inspira armonía en nuestros vacilantes espíritus. Descansamos porque vemos cómo Él descansa.

Ahora bien, puesto que el Maestro tenía paz en sí mismo, su fuerte deseo era que todos sus discípulos tuvieran paz. Nuestro Señor Jesucristo se deleita en ver a su pueblo firme, tranquilo, feliz. No creo que se complazca tanto en verlo exaltado, aunque tenemos a nuestro alrededor algunos que parecen creer que la mayor gracia solo puede manifestarse si deliramos y nos enfurecemos. La religión del Jesús sereno nunca tuvo la intención de llevarnos al borde de la locura. Su Espíritu Santo no es un cuervo o un águila, sino una paloma. Sus sagradas influencias son poderosas y, por tanto, tranquilas. La debilidad tiene prisa, se enfurece, grita, porque tiene necesidad de hacerlo. La fortaleza se mueve con su propia y deliberada serenidad y lleva a cabo su propósito.

Por otra parte, estamos seguros de que Jesús no desea que sus discípulos estén deprimidos. Algunos creen que el color apropiado para la piedad debe ser gris, monótono o de luto total. Pero no es así; los santos están vestidos de lino blanco, que es el emblema tanto de la alegría como de la pureza. El Salvador no desea que sus discípulos vayan por el mundo a través de una penumbra de tristeza, susurrando atemorizados por los juicios que vendrán y suprimiendo todo gozo debido a los males que los rodean. No, mi hermano, Jesús desea que todos seamos felices en Él mismo, con una tranquilidad apacible como la suya.

Caminemos con Dios por la vida en esa calma santa que brota de la fortaleza consciente. Disfrutemos la tranquilidad de corazón que viene de saber que las reservas de Dios son infinitas y que en cualquier momento pueden liberarnos si ocurre una emergencia. ¡Ojalá pudiéramos aprender de Cristo el arte de la paz! Entonces no deberíamos estar tan a menudo arriba y tan rápidamente abajo, hoy tan rebosantes y mañana tan vacíos, indebidamente emocionados en un instante e innecesariamente deprimidos al siguiente. No deberíamos ser móviles como las olas, sino fijos como las estrellas.

Sin embargo, ahora vuelve a observar que para que los discípulos tuvieran paz, Jesús les pronunció ciertas palabras: «Estas cosas os he hablado para que en mí tengáis paz» (Jn. 16:33). Sería bueno repasar el capítulo anterior y observar con diligencia lo que el Señor Jesús dijo con el fin de dar paz a sus discípulos, porque eso mismo también nos dará paz. Al hacerlo, podríamos repasar todo el Libro, porque el gran objetivo de todas estas Escrituras es que podamos tener paz. Pero, especialmente, detengámonos en esas particulares palabras de este capítulo 16 de Juan.

Bueno, ¿qué les dijo Jesús para que ellos pudieran tener paz? Entre lo que manifestó les predijo las pruebas que tendrían. Aprendamos entonces que una manera de obtener paz es reflexionar en el hecho de que se nos ha prometido pruebas, que la persecución y la mala voluntad de un mundo impío son males que debemos soportar. Todo esto está garantizado porque formamos parte de la simiente de la mujer cuyo calcañar debe ser herido; y las pruebas nos llegarán a nuestra medida. Esperar un trato cruel mientras habitemos en este mundo malvado nos ayudará en gran manera a obtener la paz que esperamos.

Lo siguiente que Jesús hizo para consolar a sus discípulos fue que les dijo por qué se iba. A menudo es una mejor bendición, cuando pasamos por una gran prueba, saber para qué nos fue enviada. El Salvador se iba porque era conveniente para los discípulos que se fuera. ¿No nos quita el ardor de una prueba saber por fe que nos conviene que tal y tal prueba nos lleguen? El Dios que para ti es mejor que todos tus temores, mejor que tus esperanzas, tal vez intenta que la aflicción permanezca contigo hasta que el cerrojo del cielo se te levante y se te permita la entrada al descanso eterno. Ahora bien, cuando el Salvador les informó a los discípulos por qué se iba, la información condescendiente estaba destinada a producir paz en sus corazones. Él también te ha dicho por qué te vienen pruebas: estas obran para tu bien duradero.

Además, hablando de darles paz a los discípulos, el Salvador siguió hablando del Espíritu Santo, el Consolador, y lo que este haría. Amado lector, si quieres paz, piensa mucho en el divino Consolador. No se te ha dejado solo. No te quedas sin la tierna simpatía de Aquel que sabe cómo alegrar el corazón más cargado. No te has quedado sin un amigo más capaz que todos los demás de entrar en tus penas secretas y administrarte los consuelos más poderosos. Adorémosle desde ahora con mayor amor y reverencia.

Jesús les habló también del poder de la oración, declarando: «Todo lo que pidiereis al Padre en mi nombre, lo haré» (Jn. 14:13), y otra vez: «Si permanecéis en mí, y mis palabras permanecen en vosotros, pedid todo lo que queréis, y os será hecho» (Jn. 15.7). ¡Qué hálito de paz refresca la frente del hombre que recuerda que puede orar y que la oración se escucha en el cielo! El remedio conocido para los males desconocidos es la oración. ¡Oh, la paz que viene del trono de la misericordia! Simplemente ora, y eres dueño de la situación. Al igual que tu Amo, puedes caminar sobre las olas del mar solo cuando tengas el poder en su Nombre para hablarles a esas olas y ordenarles que se calmen. Él te da ese poder cuando te acercas a Él creyendo en oración.

Si esto no fuera suficiente, nuestro tierno Señor dejó escapar un mensaje precioso que debería dar paz a todas nuestras mentes: «el Padre mismo os ama» (Jn. 16:27). El amor de Dios el Padre es un tesoro de paz. El Padre mismo (por su propia voluntad) te ama. Dios amó a su pueblo y, por tanto, envió a su Hijo a redimirlo. Cristo no es la causa del amor divino, sino el mejor y más tierno de sus frutos. Así que ten buen ánimo y que tu paz sea como un río.

Y luego, querido amigo, Jesús confirmó la fe de sus discípulos en Él. Les habló de tal manera que al final declararon: «Ahora entendemos... por esto creemos» (Jn. 16:30). Esta es la manera de obtener paz. La paz viene por el sendero de la fe. El tiempo está mal utilizado cuando analizamos libros que están planeados para sacudir nuestra fe, así como consumir alimentos que sin duda alguna nos enfermarán. Existen ciertos hombres que siempre están ocupados con las Escrituras para tratar de encontrar dificultades en ellas; y si no logran encontrarlas en la versión que leen, entonces de inmediato obtienen una nueva traducción para no arriesgarse a perder su preciosa dificultad. Esto es tan insensato como si nos negáramos a consumir nuestro pudín navideño al no poder encontrar semillas en las ciruelas o terrones duros en el azúcar que se nos rompa la dentadura. El gran objetivo de algunos hombres parece ser encontrar en la Biblia algo que no puedan creer. Cultivan dudas, mientras que un hombre sabio las considera malas hierbas, las amontona y las quema. El Señor sabe que hay suficiente sufrimiento en este mundo como para no tener que esforzarse por producir más.

Creo, y luego obtengo paz. Creo, y estoy seguro. Después mi paz es como un río, y mi justicia como las olas del mar. La manera infantil de sentarse a los pies de Jesús y recibir sus palabras es el sendero de la paz. Todas las consecuencias de las nimiedades pueden resumirse como espinos y cardos que arrancan la carne y desgarran el espíritu. Cristo había dicho estas cosas para que pudieran creer en Él, porque sabía muy bien que la victoria que vence al sufrimiento es la fe y no la duda. Creer, y no cuestionar, es la autopista del Rey.

Debo observar que el anhelo de nuestro Amo de que pudiéramos tener paz fue calificado por dos palabras: «En mí». «Que en mí tengáis paz». Recuerda, entonces ,que no puedes esperar tener paz por ti mismo. Revolverás ese estercolero por mucho tiempo antes de encontrar allí la joya de paz. Nuestro Señor ni siquiera quiso que halláramos paz en ordenanzas externas o en ejercicios religiosos. No hay duda de que es muy tranquilizador leer un capítulo de la Biblia, asistir a un culto o tener comunión, pero no es la intención del Señor que esto por sí mismo nos produzca paz.

Tales cosas han de ser medios para la paz, pero esta siempre debe estar en Él mismo, en su propia persona bendita. La paz de la clase más profunda, verdadera, constante y enfática solo se encuentra en Jesús. Paz en todas las temporadas y en todas las dificultades; paz eterna: todo esto está en Él y solamente en Él. En Jesús nos hallamos en un hogar donde todo es amor y consuelo. No nos desviemos de este centro sagrado de reposo sereno, no sea que nos extraviemos de la paz. Es este Hombre quien será la paz, este Hijo de Dios que nos dará descanso. Acudamos pues a Él de inmediato en todos los casos; permanezcamos siempre en Él.

> Recuerda, entonces, que no puedes esperar tener paz por ti mismo.

EL CREYENTE TIENE TRIBULACIÓN EN EL MUNDO

Es decir, en primer lugar, no estás protegido de ningún tipo de problema. Estás en Cristo, y el Salvador te salva de tus pecados, pero no ha prometido que no tendrás aflicciones. No ha prometido protegerte de la pobreza, del esfuerzo, de la enfermedad, de la calumnia o de ningún otro de los males comunes de la humanidad. A algunos de los mejores de sus amados se les ha enriquecido y complacido permitiéndoseles pasar por mucha disciplina secreta de dolor, tristeza y necesidad.

Entre los tesoros que te ofrece tu Señor, te concede la cruz, que es el mejor artículo en tu casa, aunque a veces hayas deseado que no estuviera allí. Siempre obrará tu bien, lo hace ahora mismo. Algunos de los consuelos que la providencia te ha asignado serán cuestionables en su efecto sobre ti por razón de tu pecaminosidad y debilidad, pero la cruz que el Señor te asigna no tiene otro resultado que tu bien. Según parece, resulta ser un árbol amargo, pero es una medicina saludable que puedes tomar, hijo de Dios; plántalo, déjalo crecer, y su fruto será dulce.

No se nos ha prometido la admiración de los impíos. «En el mundo [no solo en este estado presente, sino en medio de este mundo incrédulo] tendréis aflicción» (Jn. 16:33). Los mundanos no se reunirán alrededor de ti para admirar tu excelencia y estimular tu piedad. Si lo hicieran, yo creería que el mundo ha cambiado o ha cometido una equivocación respecto a ti. No pienso que se deba a que el mundo haya cambiado. A los mundanos les puede gustar un cristiano por ciertos aspectos externos. Pueden admirarlo por ciertas ventajas que obtienen de él, pero no pueden amarlo por ser cristiano. Eso es imposible. Hay una enemistad entre la simiente de la serpiente y la de la mujer, y es mejor que entiendas que es así, porque la serpiente no ha cambiado su naturaleza. Todavía exhibe sus brillantes escamas y habla con tanta astucia y adulación como lo hizo con la madre Eva. Tal vez te diga que te ama más de lo que puede expresar, solo que eres tan poco amigable y receloso que nunca había podido mostrarte su afecto. Golpéalo en la cabeza si tienes una oportunidad, porque él no significa nada bueno para ti. De todos los demonios en el mundo al que menos detesto es a aquel que ruge; un diablo adulador es el peor demonio que puedes conocer. Cuando el mundo finge amarte, comprende tú que ahora te odia más cordialmente que nunca y está cebando con mucho cuidado su trampa para atraparte y arruinarte.

El texto expresa esto en una manera tan amplia que da una pista de que en el mundo a menudo tendrás tribulación. La aflicción no nos acompaña perennemente, pero es mejor estar siempre preparados para tenerla. Hay ocasiones en que disfrutamos prosperidad; algunos cristianos la tienen en abundancia. Recuerdo que una persona acudió a mí en cierta ocasión y me contó que había orado pidiendo aflicción. Le contesté: «Querida alma, no sea tan tonta. Ya tendrá suficientes problemas sin tener que pedirlos». Esa no es nuestra senda del deber. Si Dios nos ahorra tribulación, agradezcámoselo; pero, si no lo hace, estemos igualmente agradecidos. Una vez más, inexorablemente en el mundo tendrás aflicción. Si alguien más la tiene, tú la tendrás; y si nadie más la tiene, tú la tendrás. La tendrás, quizás donde menos la desees o cuentes con ella. Alguien gritó: «Cualquier cruz, pero no la que tengo». Sin duda no sería una cruz si la hubieras elegido, porque la esencia de una cruz es que vaya en contra de nuestros gustos. Debe ser algo que haga encoger la carne, lo cual para el momento presente no es algo alegre sino doloroso. Así lo dice nuestro Señor: «en el mundo tendréis aflicción».

Me pregunto cuántos cristianos aquí podrían decir que no les ha resultado así. Creo que la mayoría de nosotros diría que la profecía de nuestro Señor se ha cumplido de manera abundante. ¿Y no debe ser así en la naturaleza de las cosas? ¿No ha sido este mundo un lugar de sufrimiento desde que Adán violó la orden de su Amo? ¿No debe causar aflicción y angustia en el cristiano el hecho de que el mundo esté bajo el maligno?

El cristiano no es del mundo, así como Cristo tampoco lo es. Está fuera de su elemento. Es un extraterrestre. Es un peregrino. ¿Puede esperar las comodidades del hogar mientras permanezca aquí? Este es un mundo incompatible con la naturaleza espiritual del cristiano. No hay nada aquí que lo ayude. Este mundo es enemigo de la gracia, en lugar de amigo; y por eso el hombre de gracia debe padecer aflicción. Si ha de ser como su Señor, sin duda la tendrá; y si ha de ser como el pueblo del Señor, la sufrirá por pertenecer al linaje de portadores de la cruz. No hay excepción a esta regla si tomas la vida entera de cualquier creyente, aunque por un tiempo ciertos individuos favorecidos puedan parecer mimados de la providencia. Hermano, aunque hay aflicción en el mundo, aún nos encariñamos con él. Siempre estamos tratando de arrancar puñados de sus flores y, si sus rosas no tuvieran espinas, ¡nos enterraríamos en montones de ellas! Nunca abandonaríamos el nido ni aprenderíamos a volar si el Señor no quitara nuestro nido tal como hace el águila. Querríamos quedarnos aquí para siempre y exclamar: «Mira, este es mi hogar», si no fuera porque un mundo cruel nos trata como extraterrestres y nos obliga a sentir que aquí estamos en el exilio. Puesto que no hemos de vivir aquí, sino que pronto subiremos y nos marcharemos a una tierra mejor en que nuestra vida se desarrolle mejor, es apropiado que en el mundo tengamos aflicción. De este modo podemos volver nuestros pensamientos y deseos hacia esa amada ciudad de nuestro Dios donde está nuestra única morada. Gracias a Dios por la aflicción que desvía nuestros pensamientos de la tierra.

LOS CREYENTES EN EL MUNDO Y EN CRISTO

Me ocuparé solo un momento o dos en decir que, si moramos en Cristo, aunque también tengamos que habitar en el mundo, venceremos al mundo. Llamo tu atención especial a las palabras de nuestro Señor Jesús en el texto: «confiad, yo he vencido al mundo». En ese tiempo nuestro Señor todavía estaba en el mundo.

¿Sabes dónde se hallaba Cristo cuando dijo eso? Pues estaba al borde de Getsemaní. Estaba, por así decirlo, al pie del Gólgota, donde iba a morir. Aún no había soportado los azotes ni la cruz. Pero no me atrevo a poner la mano sobre mi Maestro y declarar: «Buen Señor, te equivocaste. Todavía no has vencido, porque la mayor parte de la batalla todavía no te ha llegado». Él sabía lo que dijo y no cometió ningún error al decirlo. ¡Oh, pero fue dicho con valentía! La fe que moraba en Él le hizo declarar: «yo he vencido». Al borde de la lucha expresó: «yo he vencido». Lo manifestó en la clarividencia de la fe. Dio por sentado que vencería al mundo, porque el Padre estaba con Él.

Pero hasta ese momento, sin duda, era cierto, como lo fue hasta el final, que Él realmente había vencido al mundo. Había vencido sus encantos. Había vencido sus tentaciones. Había vencido sus terrores. Había vencido sus errores. Había puesto en fuga todo aquello con lo que el mundo lo había asaltado. Él fue tentado en todo igual que nosotros somos tentados, pero permaneció sin pecado. Jesús había vencido todo lo que le había venido para atacar su santidad, su paciencia, su abnegación; había salido victorioso en todos los puntos.

Ahora bien, he aquí un asunto de gozosa consideración. Nuestro Señor afirma: «Anímense, yo he vencido al mundo» (Jn. 16:33, NBV). Pero ¿qué ánimo hay en eso? Bueno, el ánimo radica en el hecho que Él no declara aquí, pero que había mencionado antes: Jesús es uno con nosotros y nosotros somos uno con Él, quien asegura: «Yo mismo he vencido para que tú puedas vencer en mí. Ahora bien, ve a la lucha, a derrotar al enemigo ya vencido y triunfar sobre una serpiente cuya cabeza ya he destrozado».

Del hecho de que Cristo ha vencido obtenemos entonces la seguridad de que venceremos, ya que somos uno con Él. Oh, hermano, tú debes luchar para salir adelante. No puedes abandonar este conflicto. Tienes que abrirte paso a través de un muro sólido de dificultades. ¡No hay otro camino! Pero lo vas a lograr. Lo harás. Un gran comandante comienza una lucha. ¿Desea que no haya batalla? Si fuera así, ¿cómo podría ser una guerra? ¿Cómo podría hablarse de un soldado? Ciertamente no puede enviar a casa ningún reporte de victoria si no hay una pelea. No puede llegar a ser un gran comandante si no se distingue él mismo en el campo. Consideremos pues que todo campo de batalla al que Dios nos llama solo es otra oportunidad de victoria y, al Cristo estar con nosotros, otra certeza de victoria. ¡Adelante, pues, soldado cristiano! Que el brillo de tu armadura no se manche con el óxido del miedo. Vencerás tan seguramente como tu Señor ha vencido.

Tengo este último mensaje que agregar. Podría haber alguien que declare: «Mira, mira; estos cristianos tienen demasiados problemas». Eso es muy cierto, pero no son los únicos de los cuales compadecerse. La Biblia enseña: «Los impíos serán colmados de males» (Pr. 12:21). Aquellos que no están en Cristo Jesús también tendrán aflicción en este mundo, porque los espinos y cardos brotarán más numerosos en el campo del perezoso que en cualquier otro lugar. Los malvados descubrirán que hay penas especiales para ellos: el flagelo de escorpiones, especialmente cuando han llegado más lejos en la vida, y sus fuegos juveniles arden hasta convertirse en negra ceniza. ¡Ay de los pecadores cuando tengan que cosechar los frutos de sus malas acciones! Tener que pelear esta batalla sin Cristo es derrota segura. Qué descubrimiento será cuando, después de luchar en una vida de dolor, se encuentren comenzando otra vida de mayor sufrimiento, ¡la cual nunca tendrá fin!

¡Debe ser algo horrible para un individuo ir del infierno al infierno, convertir este mundo en un infierno y luego descubrir otro infierno en el próximo mundo! Pero sería una bendición atravesar cincuenta infiernos hasta llegar al cielo, si tal situación pudiera suceder. Es glorioso luchar a través de pobreza, enfermedad y persecución, y escuchar al final el mensaje: «Bien, buen siervo y fiel» (Mt. 25:21). ¡Eso será glorioso! ¿Quién aspira a escuchar eso? Que Dios nos ayude a cada uno a esforzarnos por conseguirlo y nos dé fortaleza para continuar la guerra santa y luchar hasta el final.

Un remedio para la ansiedad

RESUMEN:
La ansiedad es una enfermedad que carcome el alma del cristiano. Puede causar gran preocupación que nos lleva a transgresiones y pecados más profundos y terribles. El remedio sencillo es echar nuestras ansiedades sobre Cristo.

CITAS DESTACADAS:
«No permitas que las ansiedades por la santificación destruyan tu confianza en la justificación».

«Las ansiedades angustiosas no solo nos llevan a pecar y destruyen nuestra paz mental, sino que también debilitan nuestra utilidad».

7

Un remedio para la ansiedad

Echando toda vuestra ansiedad sobre él, porque él tiene cuidado de vosotros.

1 PEDRO 5:7

NINGÚN PRECEPTO CONTIENE todo el deber del creyente; pero, por lo general, en las Escrituras, los preceptos se levantan uno sobre el otro como esos escalones de piedra por los que el viajero en Egipto asciende al pináculo de la pirámide. Primero debes plantar tus pies firmemente en el deber anterior antes que puedas subir por completo al siguiente mandamiento. Permíteme entonces llamar tu atención al precepto que precede mi texto: «Humillaos, pues, bajo la poderosa mano de Dios, para que él os exalte cuando fuere tiempo» (1 P. 5:6).

Amado, debes saber que hay algunas ansiedades egoístas y carnales que no debemos echar sobre Dios. Esto sería una ofensa para Él; sería un acto de infamia de nuestra parte si nos aventuráramos a pedirle ayuda en este caso. Esto corta de inmediato la cabeza de muchas de esas ansiedades en las que a veces los cristianos caen, tales como ansiedades codiciosas. Si deseo obtener y agarrar más de lo absolutamente necesario, no puedo pedirle de rodillas a Dios que se encargue de esta inquietud por mí, porque no es algo de su incumbencia. No puedo arrodillarme delante de Dios, honestamente, como un avaro, y pedirle que me permita añadir una casa a otra y un campo a otro. También está la ansiedad de la ambición, cuando los seres humanos deseamos obtener honores, eminencia y fama. Si permitimos que la ambición se infiltre en nuestras mentes, no podemos acudir a Dios con ella. Es una ansiedad que no debemos echar sobre Dios, porque eso sería vaciar la inmundicia de nuestra casa sobre el altar del santuario del Señor. Pero entonces, opino, que esta ansiedad no nos inquietaría si nuestras almas fueran humildes delante del Señor.

También existen aquellas ansiedades que tenemos por nosotros mismos: inquietudes que tienen que ver con el futuro, temores tontos que solo se crean en nuestro cerebro; no podemos pedirle a Dios que se encargue de eso. Pero entonces, amado, no tendríamos esas ansiedades si nos humilláramos «bajo la poderosa mano de Dios». Así que, en tal estado de sujeción a la voluntad divina y resignación al propósito eterno, nuestra alma se sentaría en quietud y estaría tranquila, y nuestro espíritu no se agitaría con frivolidades que ha imaginado. Oh, que tengas la gracia para obedecer el mandato anterior, y luego, creo, sin ninguna limitación, que puedo dirigirme a ti con las palabras del texto: «Echa toda tu ansiedad sobre Dios, porque Él tiene cuidado de ti». Repito, no podemos echar sobre Dios las ansiedades pecaminosas; por el contrario, obedecer el precepto de humillarnos desarraigaría tales vejaciones.

Al dirigirme a ti a partir de un texto tan rico como este, prefiero orar para que el Espíritu Santo pueda liberarte de toda ansiedad, en lugar de tratar de liberarte por ti mismo de tus preocupaciones. Ya que al ni siquiera poder obedecer este precepto personalmente, mucho menos podría hacer que tú lo lograras por tus fuerzas. Solo cuando el Espíritu de Dios está sobre el predicador es que este puede echar sus ansiedades sobre su Señor; por tanto, debes convencerte por experiencia propia que, solo cuando el Espíritu Santo te lo permita, podrás hacer lo mismo.

LA ENFERMEDAD DE LA ANSIEDAD

La ansiedad mencionada en el texto, aunque se ejerza sobre objetos legítimos, tiene en sí misma la naturaleza del pecado. Esto quedará claro si piensas por un momento que cualquier cosa que sea violación al mandamiento de Dios es pecado. Este es un precepto que nuestro Salvador repitió con insistencia muchas veces, que los apóstoles han reiterado y que no puede rechazarse sin que involucre transgresión. Además, la misma esencia de la ansiedad es imaginar que somos más sabios que Dios, poniéndonos en su lugar para hacer por Dios lo que

> En la ansiedad yace la naturaleza misma del pecado.

soñamos que Él no puede o no quiere hacer. Intentamos pensar en lo que suponemos que Dios olvidará, o nos esforzamos por echar sobre nosotros esa carga que Él no puede, o no está dispuesto, a llevar por nosotros.

Ahora bien, esta impertinencia, este atrevimiento, esta audacia, tiene la naturaleza misma del pecado, pues es intentar saber más que Dios, arrebatarle de la mano el timón por el cual guía los acontecimientos, tratar de corregir sus esquemas y replantear su providencia. Esto en realidad es tal insolencia que cuando las Escrituras guardianas hacen retroceder al intruso, le demanda: «¿Eres tú quien aconseja al Rey? ¿Por qué estás aquí? Dios no te pidió consejo cuando creó los cielos y la tierra, equilibró las nubes y estiró los cielos como una tienda para habitar. ¿Cómo te atreves a venir y ofrecer consejo a la Sabiduría perfecta, y ayuda a la Fortaleza omnipotente?». En la ansiedad yace la naturaleza misma del pecado.

Además, estas preocupaciones conducen frecuentemente a otros pecados, a veces a actos manifiestos de transgresión. El comerciante que no puede entregar su negocio a Dios podría verse tentado a poner en práctica las artimañas del negocio; es más, no solo puede verse tentado, sino que podría ser persuadido a extender una mano impía para ayudarse. El profesional o el literato, si no tiene confianza firme en la providencia, podría prestar su capacidad a fines indirectos e ilícitos. Y cada persona, si no tiene otra trampa, será tentada con esto: abandonar la oración y olvidar la promesa a fin de confiar en la sabiduría de un amigo o en la sagacidad natural de algún mentor en quien pone su confianza. Esto es abandonar la Fuente para ir a las cisternas rotas, una iniquidad que provoca ira.

> La pobreza no necesariamente involucra sufrimiento, ni las riquezas traen consigo mismas paz o felicidad.

Aunque esto no condujera a ningún otro acto más que a este pecado de preferir el consejo del hombre a la dirección de Dios, la ansiedad excesiva debe reprobarse y detestarse. Pero piensa, mi hermano, en los muchos pecados que nuestras ansiedades engendran en nuestros corazones. Piensa en cómo nos preocupamos y descon-

UN REMEDIO PARA LA ANSIEDAD

fiamos, y así irritamos al Espíritu de Dios y a menudo hacemos que se vaya de nosotros, de modo que nuestras oraciones se vean obstaculizadas, nuestro ejemplo se empañe, y nos entreguemos más bien al egoísmo que a buscar a Dios. Todo esto es pecado. La desconfianza es el óvulo del que nacen muchos males. Nos complacemos en estas ansiedades y estamos seguros de no estar haciendo nada malo, mientras que la indulgencia en ellas es en sí un delito y un tentador que nos guía a cometer otras iniquidades. El individuo lleno de ansiedad está listo para cometer cualquier pecado; pero quien ha depositado sus ansiedades sobre Dios permanece seguro, y el maligno no podrá tocarlo.

Como la ansiedad en sí es pecado, y engendra pecado, volvemos a recalcar que produce miseria, porque donde la ansiedad se encuentra pronto aparece sufrimiento. Quien desea que su espíritu se incline hasta la misma tierra solo tiene que fijar sus pensamientos en sí mismo y en sus circunstancias, en lugar de mirar hacia Dios y sus promesas. Algunas personas están ubicadas en una posición muy próspera en la vida, pero mi querido hermano, tú puedes hacerte miserable si lo deseas. Otros se encuentran ubicados en lo que el mundo considera circunstancias infelices; sin embargo, si Dios te lo permite, puedes ser sumamente bendecido. La pobreza no necesariamente involucra sufrimiento, ni las riquezas traen consigo mismas paz o felicidad.

Si deseas miseria, no necesitas salir de tu propia casa. No hay necesidad de viajar lejos para buscar causas de descontento; puedes vivir colmado de abundancia y ser pobre; puedes morar en un medio pacífico y estar perturbado; puedes poseer la más rica prosperidad y sin embargo estar afligido. Nosotros creamos en gran medida nuestra propia posición. Dios ordena la providencia, y entonces, o la gracia nos hace felices o el pecado nos hace sufrir.

CÓMO DESCANSAR EN LAS PROMESAS DE DIOS

Dios no provoca nuestro sufrimiento; la causa de nuestro problema radica en nuestra propia puerta, no en la de Él.

¿Ves a ese cristiano allí con ojos radiantes y paso ligero, el hombre que está presto a cumplir los mandatos de su Maestro? Ese creyente tiene muchos problemas, pero al recordarlos cuando despierta en la mañana, dobla sus rodillas y se los entrega a su Dios. Al actuar así esa persona, con todos sus problemas, es más bendecida que aquel profesor que tiene pocos problemas, pero que se fastidia haciendo de cada insignificancia un motivo de inquietud, magnificando cada pequeña desgracia en una extraña calamidad. ¡Oh, hermano! No es bueno para los cristianos estar tristes.

> Las ansiedades angustiosas no solo nos llevan a pecar y destruyen nuestra paz mental, sino que también debilitan nuestra utilidad.

Además de esto, las ansiedades angustiosas no solo nos llevan a pecar y destruyen nuestra paz mental, sino que también debilitan nuestra utilidad. Cuando hemos dejado todas nuestras ansiedades en casa, qué bien podemos obrar para nuestro Maestro, pero cuando esas ansiedades nos molestan en el púlpito, es difícil predicar el evangelio. Cuando las preocupaciones zumban en el oído, la música de la gracia es difícil de escuchar. Hubo un gran rey que una vez empleó a un comerciante a su servicio como embajador en las cortes extranjeras. Antes de marcharse, el embajador le dijo al rey: «Mis propios negocios requieren todo mi cuidado y, aunque siempre estoy dispuesto a ser siervo de su majestad, sin embargo, si atiendo sus asuntos como debería, estoy seguro de que los míos se arruinarán». El rey contestó: «Bueno, cuida de mis asuntos, y yo cuidaré de los tuyos. Haz tus mejores esfuerzos y, a causa del celo que te hace ser generoso conmigo, yo me encargaré de que no resultes siendo perdedor». Y así también, como sus siervos, nuestro Dios nos dice: «Haz mi obra, y yo haré la tuya. Sírveme, y te serviré».

El tema no sería completo si yo no añadiera que estas agobiantes ansiedades, de cuya culpa quizás pensamos muy poco, hacen gran daño a nuestra santa causa. Nuestros semblantes tristes y miserables obstaculizan las almas que están ansiosas, y presentan una excusa lista para almas negligentes: «Miren, ese hombre es cristiano, todos los inviernos de un siglo le han dejado las marcas de la tormenta en su frente, y todos los vientos de las edades parecen haberle arrugado las cejas; no tiene paz ni alegría. ¿Quién sería cristiano para ser tan miserable?». Por tanto, quien es negligente asegura que no tendrá el infierno aquí; que dejará eso para el más allá. ¡Ah, cristiano! Que no se diga eso por tu causa; no hagas que se abra la boca del enemigo para blasfemar; que el dragón no encuentre comida por medio de ti, que eres la simiente de la mujer. Procura más bien, echando toda tu ansiedad sobre Dios, desprenderte de todos los obstáculos personales para que puedas ser vengado sobre los adversarios de tu Maestro como buen soldado de Jesucristo.

EL REMEDIO PARA LA ANSIEDAD

Alguien debe cargar con estas preocupaciones. Si yo no voy a hacerlo, ¿puedo encontrar alguien que lo haga? Mi Padre en el cielo está esperando llevar mi carga. Con anchos hombros, con omnipotencia como su fortaleza, declara: «Hijo mío, echa tu carga sobre tu Dios». Bendito privilegio, ¿me atrevo a rechazarlo? ¿Puedo ser tan malvado como para resistir la propuesta y llevar yo mismo mis cargas? He aquí el bendito remedio: «Echa tu carga en el Señor, y Él te sustentará».

Ahora bien, a fin de aplicar este remedio más que para describirlo, con la ayuda del Espíritu Santo de Dios mencionaré algunos de esos miedos, esas ansiedades que son bastante legítimas en sus objetivos, pero que solo pueden aliviarse entregándoselas a Dios. Una de las primeras y mayores preocupaciones naturales con las que nos vemos atormentados es la del pan diario. Alguien expresa: «Yo debería estar contento con alimento y vestido. Si a la vista de todos puedo proporcionar cosas buenas a mi familia y ver que se encuentra bien, entonces puedo estar feliz». Otro declara: «Pero ¿qué comeré? ¿Qué beberé? ¿Con qué me vestiré? Sin empleo, sin tener por tanto ninguna oportunidad de conseguir mi sustento; sin fondos y, por tanto, sin poder contar con algo que me ayude por no tener trabajo; sin amigos ni jefe que puedan prestarme su generoso apoyo, ¿qué haré?». Tú eres cristiano. Debes actuar con toda diligencia; ese es tu deber. Pero, si Dios te ayuda, no mezcles intranquilidad con diligencia, ni impaciencia con sufrimiento, ni desconfianza con pruebas. No, recuerda lo que Jesús ha dicho tan dulcemente al respecto:

> Mirad las aves del cielo, que no siembran, ni siegan, ni recogen en graneros; y vuestro Padre celestial las alimenta. ¿No valéis vosotros mucho más que ellas? ¿Y quién de vosotros podrá, por mucho que se afane, añadir a su estatura un codo? Y por el vestido, ¿por qué os afanáis? Considerad los lirios del campo, cómo crecen: no trabajan ni hilan; pero os digo, que ni aun Salomón con toda su gloria se vistió así como uno de ellos. Y si la hierba del campo que hoy es, y mañana se echa en el horno, Dios la viste así, ¿no hará mucho más a vosotros,

hombres de poca fe? No os afanéis, pues, diciendo: ¿Qué comeremos, o qué beberemos, o qué vestiremos? Porque los gentiles buscan todas estas cosas; pero vuestro Padre celestial sabe que tenéis necesidad de todas estas cosas. Mas buscad primeramente el reino de Dios y su justicia, y todas estas cosas os serán añadidas (Mt. 6:26-33).

Tal ansiedad es bastante natural, y pedirle a alguien que se desprenda de ella cuando está en verdadera necesidad es cruelmente absurdo a menos que tengas un consuelo seguro que ofrecerle. Pero puedes decir: «Echa tu sufrimiento sobre Dios». Usa tus más fervientes esfuerzos, humíllate bajo la poderosa mano de Dios. Si no puedes hacer una cosa, haz otra. Si no puedes ganar tu pan como un caballero, gánalo como un pobre. Si no puedes ganarlo con el sudor del cerebro, gánatelo con el sudor de tu frente.

Los hombres de negocios, que no precisamente tienen que buscar lo necesario para vivir, a menudo se atormentan debido a las ansiedades de las grandes transacciones y el comercio extendido. Los fracasos de otras personas, las frecuentes deudas incobrables, los cambios en los mercados, las presiones monetarias y los pánicos repentinos causan muchos problemas. Por medio de nuestro diseño de crédito en esta época es muy difícil para un cristiano hacer negocios de la manera sobria y sustancial que una conciencia sensible preferiría. «No debáis a nadie nada» (Ro. 13:8); si se pudiera entretejer eso en el sistema de comercio, se curarían diez mil males que ahora surgen de ese sistema crediticio que parece inevitable, pero que estoy seguro de que involucra muchos de los delitos que se cometen y muchos de los afanes que abruman a los hombres de negocios.

Otra preocupación de una clase personal que es muy natural,

y en realidad muy apropiada si no se lleva al exceso, es la de tus hijos. ¡Bendito sea Dios por nuestros niños! No simpatizamos con quienes los consideran aflicciones, pues creemos que siguen siendo una herencia del Señor. Pero ¡qué angustias conllevan! ¿Cómo los educaremos, cómo los mantendremos? ¿Honrarán a sus padres, o traerán desgracia al nombre que llevan? Un niño puede ser la mayor maldición que sus padres hayan tenido, mientras que al mismo tiempo puede ser el más selecto consuelo para ellos. Sin embargo, no quiero que haya ninguna duda de que son bendiciones que Dios envía.

Un padre cristiano debe cuidar de sus hijos; y, más aún, debido a ser cristiano, nunca debe estar contento hasta que caminen en la verdad. Madre y padre, ustedes han orado por sus hijos, han confiado en que les han dado ejemplo santo, se han esforzado día a día por enseñarles la verdad que está en Jesús, han padecido por las almas de sus hijos hasta que Cristo se forme en ellos. Está bien; ahora permitan que esas almas esperen tranquilamente la bendición, entreguen su descendencia a Dios; confíen sus hijos e hijas al Dios de sus padres; que la impaciencia no se entrometa si no se han convertido en el tiempo de ustedes, y no permitan que la desconfianza les distraiga la mente si ellos parecen desmentir las esperanzas que ustedes tienen. Procedan así y, por tanto, hereden la bendición.

Sin embargo, cada cristiano en su tiempo tendrá problemas personales de un orden superior, concretamente, ansiedades espirituales. El creyente ha sido engendrado de nuevo a una esperanza viva, pero aún teme que su fe muera. Espera tener alguna chispa de gozo espiritual, pero hay noches tenebrosas y lúgubres que se ciernen sobre él, y teme que su lámpara se extinga en la penumbra. Hasta ahora ha salido victorioso, pero tiembla porque un día pueda caer en manos del enemigo. Amado, te lo ruego, echa esa desazón sobre Dios, porque Él cuida de ti, y te lo asegura cuando declaró: «Estando persuadido de esto, que el que comenzó en vosotros la buena obra, la perfeccionará hasta el día de Jesucristo» (Fil. 1:6). «No te desampararé, ni te dejaré» (He. 13:5). «Los montes se moverán, y los collados temblarán, pero no se apartará de ti mi misericordia, ni el pacto de mi paz se quebrantará, dijo Jehová, el que tiene misericordia de ti» (Is. 54:10). Bueno, podríamos pasar toda esta mañana, tarde y noche también, repitiendo las preciosas promesas de Dios y podríamos cerrarlas declarando:

¿Qué más puede Él decirles de lo que ya les ha dicho, a ustedes que han acudido a Jesús?

¡Aléjate entonces de las lúgubres sospechas y ansiedades! ¿Son ansiedades por pecados pasados? «La sangre de Jesucristo su Hijo nos limpia de todo pecado» (1 Jn. 1:7). ¿Se trata de tentación actual? «No os ha sobrevenido ninguna tentación que no sea humana; pero fiel es Dios, que no os dejará ser tentados más de lo que podéis resistir, sino que dará también juntamente con la tentación la salida, para que podáis soportar» (1 Co. 10:13).

> No permitas que las ansiedades por la santificación destruyan tu confianza en la justificación.

Si empiezas a pensar siempre en ti mismo, te vuelves muy desdichado.

Pues es Cristo quien te hace lo que eres ante los ojos de Dios; mira entonces a Jesús para saber lo que eres en la estima de Dios. Alma, te digo otra vez, mira a Cristo y no a ti mismo. No permitas que las ansiedades por la santificación destruyan tu confianza en la justificación. ¿Y si eres un pecador? «Cristo Jesús vino al mundo para salvar a los pecadores» (1 Ti. 1:15). ¿Y si no lo mereces? «Cristo... a su tiempo murió por los impíos» (Ro. 5:6). La gracia es gratuita. La invitación aún está abierta para ti; pon toda la carga de la salvación de tu alma donde debe reposar.

Observo que hay muchas preocupaciones, no de carácter personal, sino más bien de carácter eclesiástico, que a menudo se insinúan y abogan por la vida, pero que, sin embargo, deben desecharse. Lamento confesar que, si no le predico a nadie más en esta oportunidad, debo estar predicándome a mí mismo. Hay ansiedades acerca de cómo se debe llevar a cabo la obra de Dios. Conozco un joven necio que pasa muchas noches en vela pensando en eso, y que a veces durante el día se entristece torpemente, porque, con grandes propósitos de corazón y con grandes diseños en su alma, no ve el camino por el que estos designios han de llevarse a cabo. Este joven todavía no ha alcanzado la fe que «se ríe de los imposibles y declara: "¡Hágase!"».

Si padeces de este triste mal, permíteme exhortarte con las palabras de Pedro a echar sobre Dios la ansiedad respecto a la obra divina. Él no nos envió a guerrear por cuenta propia. No nos exigirá que hagamos la obra de la cual Él mismo se encargará. Y debemos creer que, si Dios no nos permite hacer todo lo que quisiéramos, es algo bendecido que nos autorice y permita hacer tanto como podamos. Si creemos que hay pocos hombres que trabajan, o pocos medios con los cuales trabajar, no debemos preocuparnos acerca de dónde vendrán los medios o las personas. Podemos orar de manera apropiada: «Señor, envía obreros», y con igual propiedad podemos pedir que quien posee el oro y la plata se los dará a quienes hacen la obra de Dios. Pero después de eso debemos echar nuestra ansiedad sobre el Señor.

Entonces, si superamos esa ansiedad, vendrá otra, una que a

menudo me inquieta: el éxito de la obra de Dios. ¡Oh! ¡Cómo salta de gozo nuestro corazón cuando hay almas convertidas! ¡Cuán felices nos sentimos cuando la iglesia se mantiene creciendo continuamente! Pero, si se produce incluso un poco de pausa, nos sentimos muy mal. Si no vemos siempre descubierto el brazo de Dios, estamos listos a tumbarnos y declarar: «Señor, déjame morir, no soy mejor que mis padres». También, cuando estamos en un bajo nivel de cuerpo y corazón, nos invade ese mal debilitante de la incredulidad, y sentimos que la vida se desvanece a medida que el éxito disminuye. Bueno, esta es una ansiedad que debemos depositar sobre Dios.

> Lo nuestro es predicar, pero convertir almas es labor de Dios; lo nuestro es trabajar, pero el éxito depende solo de Él.

Agricultor, tu Gran Empleador te envió a sembrar la semilla, pero si de ella no brota grano alguno, aunque la hayas sembrado cuando y donde te dijo, Él no te culpará de una cosecha defectuosa. Lo nuestro es predicar, pero convertir almas es labor de Dios; lo nuestro es trabajar, pero el éxito depende solo de Él. «Los que pasan por el valle de Baca lo convierten en un pozo» (ese es su oficio: cavar pozos). «La lluvia también llena los estanques» (no es su oficio llenar los pozos). Y los pozos no se llenan desde el fondo como ocurre en nuestra nación; es la lluvia la que los llena. La bendición viene de lo alto, y si hemos cavado pozos y hemos orado seis veces, pero todavía la lluvia no ha descendido, volvamos a hacerlo siete veces, y la lluvia descenderá y los estanques se llenarán hasta el borde. Por tanto, no nos preocupemos por el éxito.

En ocasiones hay otra preocupación, la de que algún pequeño desliz cometido por nosotros o por otros brinde al enemigo ocasión de blasfemar. Hay demonios además de los que están en el infierno. Los hay en la tierra, y algunos de ellos se alegran demasiado si encuentran una oportunidad, si hay una palabra pronunciada en forma adecuada para sacarla de contexto y convertirla en blasfemia. Esta es una tarea sencilla, y cualquier necio puede cumplirla, pero este mundo está lleno de necios que se alegran de encontrar suciedad para comer y luego, al haberla consumido, hacer que otros se la traguen.

A veces tenemos miedo de caminar por temor a romper algo en un mundo tan frágil como este; tenemos miedo de hablar para no decir algo que pueda abrir la boca del enemigo. Un celo cuidadoso es muy bueno si lleva a la cautela, pero es muy malo si conduce a una ansiedad débil y temerosa. ¿Qué tenemos que ver tú y yo con lo que pueda hacer el enemigo? Si el Señor no encadena al diablo, estoy seguro de que nosotros no podremos hacerlo, y si Él no cierra las bocas de los mentirosos, no sé si deberíamos anhelar que lo hiciera. Porque si les permite que abran sus bocas, no tengo duda que las abrirán bastante.

Así como Cristo entró en Jerusalén cabalgando sobre el lomo del pollino de una asna, muchas veces la verdad ha cabalgado en medio de Jerusalén en triunfo sobre el lomo de sus enemigos más despreciables. Sin duda, Cristo ha sido levantado incluso hasta la punta de la lanza, y la luz del evangelio ha brillado como un faro desde el madero en que el mártir pereció. Bueno, dejemos que nuestros enemigos hagan lo que quieran, y solo mantengámonos firmes en el Señor y echemos nuestras ansiedades sobre Él.

Sucede que tenemos mucho miedo a ser infieles al final, no sea que la sangre de las almas caiga sobre nosotros. ¡Oh! Ese pensamiento me ha estrellado contra el suelo muchísimas veces. Esta pesada carga me aplasta en el estado más lamentable y, a menos que el cuerpo simpatizara tan plenamente con la mente, si pudieras verme con lágrimas bajándome por los ojos y el frío sudor saliéndome de la cabeza, preguntarías: «¿Qué criatura es esa que sale a predicar?». La idea de tener que dirigirme a ti, y de que debo ser fiel o de lo contrario se demandará tu sangre de mis manos, es tan terrible que en privado nunca me atrevo a pensar en ella, porque me acobarda por completo. Pero ¡ah, bendito sea Dios!, que, al habernos permitido hacer todo lo que podemos por medio de su Espíritu, me tranquilizo. Sabemos que Él no nos exigirá más de lo que ha demandado de nosotros y, si nos ha ayudado hasta aquí, suya será la gloria. Pero si le fallamos, aún eso también será lavado por la sangre preciosa, y con todo su peso de responsabilidad, el ministro entrará al cielo y hallará un lugar entre los santificados.

EL AGRADABLE ALICIENTE PARA DEJAR TUS CARGAS

Creo en una providencia universal: el Señor cuida de las hormigas y los ángeles, de los gusanos y los mundos; se preocupa por los querubines y los gorriones, por los serafines y los insectos. Echa tu ansiedad sobre Él, quien llama a las estrellas por sus nombres y cuenta el número de ellas. Permite que su providencia universal te alegre.

Piensa luego en la providencia particular de Dios sobre todos los santos: «Sabemos que a los que aman a Dios, todas las cosas les ayudan a bien, esto es, a los que conforme a su propósito son llamados» (Ro. 8:28). Aunque es el Salvador de toda la humanidad, es especialmente el Salvador de los que creen. Deja que eso te alegre y te consuele, que esa providencia especial vele por los escogidos.

Y luego, en tercer lugar, permite la idea de que el amor especial del Señor por ti sea la misma esencia de tu consuelo: «No te desampararé, ni te dejaré» (He. 13:5). Dios te dice eso tanto como se lo dijo a cualquier santo de la antigüedad. ¡Oh, amado!, quisiera que el Espíritu Santo te hiciera sentir la promesa como si te la hubiera expresado a ti; olvídate en esta gran asamblea de los demás y piensa solo en ti mismo, porque las promesas son para ti, destinadas a ti. ¡Oh, aférrate a ellas! No es bueno leer las Escrituras para toda la iglesia. Léela para ti y, especialmente, escucha al Maestro que te dice esta mañana: «No se turbe vuestro corazón; creéis en Dios, creed también en mí» (Jn. 14:1). Piensa que le escuchas expresar: «Yo he rogado por ti, que tu fe no falte» (Lc. 22:32). Piensa en que lo ves caminando sobre las aguas de tu problema, porque Él está allí y te dice: «¡Tened ánimo; yo soy, no temáis!» (Mt. 14:27). ¡Ah! ¡Qué tiernas palabras de Cristo! Señor, decláramelas; pronúncialas para tu pobre hijo afligido; exprésalas a cada uno de nosotros. Que cada uno oiga tu voz y diga: «Jesús, susurra tu consuelo; no puedo rechazarlo. Me sentaré bajo tu sombra con gran deleite».

Pecador, impío que estás aquí, que no conoces a Dios. Te despido al decir esto. ¡Qué bendición es ser cristiano, tener a alguien que cuidará de ti! Bueno, debes saber que tendrás ansiedades, seas cristiano o no. Seguro que tendrás problemas incluso en el mundo, pero entonces no tienes a Cristo que te consuele, ningún Dios que te sostenga, ninguna promesa que te alegre. Tienes oscuridad sin una lámpara, tienes que morir sin la inmortalidad que sigue. ¡Oh, si supieras lo que es ser cristiano! Se te haría agua la boca conocer el privilegio de los cristianos.

Sin embargo, yo te digo: deposita tus pecados en Cristo. Jesucristo puede llevárselos. Si crees en Él, hay evidencia de que en la antigüedad se los llevó, los cargó y sufrió por ellos personalmente para que pudieras ser libre. Ah, que cada uno aquí esta mañana, santo y también pecador, venga a la cruz y al trono de la gracia, y declare: «Señor, llévate mis cargas de culpa y ansiedad, y guíame ahora en mi camino regocijándome», porque el Dios que todo lo puede ha expresado: «No te desampararé, ni te dejaré» (He. 13:5).

8

Bendición de plena seguridad

RESUMEN:
La plena seguridad de la fe es un regalo misericordioso dado por Dios a sus escogidos, que podemos recibir si creemos en Él. Hemos querido obedecerle, contamos con el Espíritu Santo y tenemos los sacramentos. Por medio de esto recibimos mayor fe y la mostramos al mundo que nos rodea, mientras aprendemos a confiar valientemente en nuestro Dios eterno.

CITAS DESTACADAS:
«Si hemos perdido el gusto por las Santas Escrituras, estamos fuera de condición y debemos orar por salud espiritual».

«La obediencia es la mayor prueba de amor».

8

Bendición de plena seguridad

Estas cosas os he escrito a vosotros que creéis en el nombre del Hijo de Dios, para que sepáis que tenéis vida eterna, y para que creáis en el nombre del Hijo de Dios.

1 JUAN 5:13

JUAN ESCRIBIÓ A los creyentes: «Estas cosas os he escrito a vosotros que creéis en el nombre del Hijo de Dios». Observa que todas las epístolas están escritas así. No son cartas para todo el mundo, sino para aquellos llamados a ser santos. Esto debería impactar a quienes al abrir la Biblia se dan cuenta de que gran parte de su contenido no está dirigido a ellos. Pueden leerla, y el Espíritu Santo de Dios podría bendecirlos en forma compasiva, pero no son los destinatarios. Están leyendo la carta escrita para alguien más. Que agradezcan a Dios que se les permite leerla, pero ojalá anhelen ser contados entre aquellos a quienes está dirigida. Y que agradezcan mucho más a Dios que alguna parte de ella es usada por el Espíritu Santo para salvación de ellos. El hecho de que el Espíritu Santo hable a las iglesias y a los creyentes en Cristo debería hacer que los incrédulos se pusieran de rodillas y clamaran a Dios porque sean contados entre los hijos. Así este libro podría convertirse en el manual de ellos de principio a fin y podrían leer las maravillosas promesas que les hace. Este solemne pensamiento tal vez no sorprenda a muchas de estas personas, pero permite que te impresione a ti.

No sorprende que algunos individuos no acepten las epístolas, porque no están escritas para ellos. ¿Por qué deberían reflexionar en palabras que están dirigidas a otra clase de personas? Sin embargo, no nos maravillamos, porque sabíamos que así sería. Aquí hay un testamento, y empiezan a leerlo, pero no lo encuentran interesante. Está lleno de palabras y términos que no se toman la molestia en entender porque no se relaciona de ninguna manera con ellos. Pero si al leer este testamento te topas con una cláusula en que se te deja un patrimonio, la naturaleza de todo el documento cambiará para ti. Ahora estarás deseoso de comprender los términos y asegurarte de las estipulaciones, y anhelarás recordar cada palabra de las cláusulas que se refieren a ti. Ah, mi querido amigo, ojalá leyeras el Testamento de nuestro Señor Jesucristo como un testamento de amor por ti, y lo valoraras más que todos los escritos de los sabios humanos.

> Si hemos perdido el gusto por las Santas Escrituras, estamos fuera de condición y debemos orar por salud espiritual.

Esto me lleva a hacer la segunda observación: que como estas cosas están escritas para los creyentes, estos deben conocerlas de manera especial e investigar su significado e intención. Juan manifiesta: «Estas cosas os he escrito a vosotros que creéis en el nombre del Hijo de Dios». Mi ruego es que no dejes de leer lo que el Espíritu Santo se ha encargado de escribirte. No se trata simplemente de lo que Juan escribe. Él es inspirado por el Señor, y estas cosas las ha escrito el Espíritu de Dios para ti. Presta atención a cada palabra de lo que Dios ha enviado como su propia epístola a tu corazón. Valora las Escrituras. Lutero afirmó que «sin la Palabra del Señor no estaría en el paraíso, si pudiera estar allí; pero con la Palabra podría vivir en el infierno mismo». En otro momento declaró que «no tomaría todo el mundo por una sola hoja de la Biblia». Las Escrituras lo son todo para el cristiano: su comida y su bebida. El santo puede exclamar: «Oh, ¡cuánto amo tu ley!». Si no podemos afirmar eso, algo está mal con nosotros. Si hemos perdido el gusto por las Santas Escrituras, estamos fuera de condición y debemos orar por salud espiritual.

JUAN ESCRIBIÓ CON UN PROPÓSITO ESPECIAL

Los seres humanos no escriben bien a menos que tengan algún fin en escribir. Sentarte con papel y lápiz delante de ti, y mucho espacio para rellenar, asegurará un escrito muy malo. Juan sabía lo que estaba haciendo. Su intención y propósito eran claros en su propia mente, y nos dice cuáles eran.

Según el texto, el amado apóstol tenía un propósito claro, el cual tenía tres ramificaciones. Para comenzar, Juan escribió para que pudiéramos disfrutar la total seguridad de nuestra salvación: «Estas cosas os he escrito a vosotros que creéis en el nombre del Hijo de Dios, para que sepáis que tenéis vida eterna».

Muchos que creen en el nombre de Jesús no están seguros de tener vida eterna; solo esperan tenerla. Ocasionalmente tienen seguridad, pero el gozo no es permanente. Son como un ministro de quien he oído hablar, quien afirmó que se sentía seguro de su salvación «excepto cuando el viento sopla en el oriente». Es horrible estar sujeto a las circunstancias como lo están muchos. Lo que es verdadero cuando el viento sopla en el suave sur o en el renaciente occidente es igualmente cierto cuando el viento no es bueno para el hombre ni para la bestia. Juan no habría querido que nuestra seguridad variara con el clima ni girara con la veleta. Así expresa: «Estas cosas os he escrito... para que sepáis que tenéis vida eterna». Juan quiso que estuviéramos seguros de que somos partícipes de la nueva vida, y que lo sepamos para que cosechemos el fruto dorado de tal conocimiento y estemos llenos de gozo y paz al creer.

Me refiero de manera afectuosa a los más débiles, que aún no pueden afirmar que han creído. No lo hago para condenarlos, sino para consolarlos. La plena seguridad no es esencial para obtener salvación, pero es esencial para tener satisfacción. ¡Ojalá la consigas, y la obtengas de inmediato! ¡Ojalá no estés satisfecho de vivir sin ella! Puedes tener total seguridad. Puedes tenerla sin revelaciones personales: esta seguridad obra en nosotros por la Palabra de Dios. Estas cosas están escritas para que puedas tenerla, y podemos estar seguros de que los medios usados por el Espíritu son iguales al efecto que Él desea. Al escribir bajo la guía del Espíritu de Dios, Juan alcanzó su objetivo. Entonces, ¿qué escribió con la finalidad de hacernos saber que tenemos vida eterna? Lee la epístola entera y verás que toda ella apunta en esa dirección, pero en este momento no tenemos tiempo para hacer más que echar una mirada a este capítulo.

Juan comienza así: «Todo aquel que cree que Jesús es el Cristo, es nacido de Dios» (1 Jn. 5:1a). ¿Crees que Jesús es el Ungido de Dios? ¿Lo es para ti? ¿Está Cristo ungido para ti como profeta, sacerdote y rey? ¿Has notado su unción como para poner tu confianza en Él?

BENDICIÓN DE PLENA SEGURIDAD

¿Aceptas a Jesús como designado de Dios para ser el Mediador, la propiciación por el pecado, el Salvador de los hombres? De ser así, eres nacido de Dios. «¿Cómo puedo saber esto?». Hermano, nuestra evidencia es el testimonio de Dios mismo según está registrado aquí. No necesitamos otros testimonios. Supón que un ángel te dijera que eres nacido de Dios; ¿sería ese un testimonio más seguro que las infalibles Escrituras? Si crees que Jesús es el Cristo, eres nacido de Dios. Juan ha declarado así positivamente la verdad de que puedes saber que tienes vida eterna. ¿Puede haber algo más claro que esto?

El espíritu amoroso de Juan lo lleva a decir: «Todo aquel que ama al que engendró, ama también al que ha sido engendrado por él» (1 Jn. 5:1b). ¿Amas a Dios? ¿Amas a su Hijo unigénito? Sin duda alguna puedes responder estas dos preguntas. Conocí a una mujer cristiana que solía decir: «Sé que amo a Jesús, pero mi temor es que Él no me ame». Esa duda me hacía sonreír, porque nunca se me había ocurrido. Si amo a Jesús, es porque Él me amó primero. El amor a Dios en nosotros siempre es la obra del amor de Dios por nosotros. Jesús nos amó y se entregó por nosotros y, por tanto, en respuesta lo amamos. El amor a Jesús es un efecto que demuestra la existencia de su causa. ¿Amas a Jesús? ¿Te deleitas en Él? ¿Es su nombre como música para tus oídos y miel para tu boca? ¿Te gusta oír que Jesús sea alabado? ¡Ah, querido amigo! Sé que para muchas personas un sermón lleno del querido nombre de Jesús es un banquete real; y si Cristo no se encuentra en un discurso, la disertación resulta vacía, vana y nula. ¿No es así? Si realmente amas a Cristo, entonces esta es una de las verdades escritas que debes considerar: «Que sepáis que tenéis vida eterna».

Juan sigue dando otra evidencia: «En esto conocemos que amamos a los hijos de Dios, cuando amamos a Dios, y guardamos sus mandamientos» (1 Jn. 5:2). ¿Amas a Dios? ¿Amas a sus hijos?

Escucha otro mensaje del mismo apóstol: «Nosotros sabemos que hemos pasado de muerte a vida, en que amamos a los hermanos» (1 Jn. 3:14). Esa podría parecer una evidencia muy insignificante, pero te puedo asegurar que a menudo ha sido un gran consuelo para mi alma. Sé que amo a los hermanos; puedo preguntar a mi Señor: «¿Hay un cordero entre tu rebaño que yo desdeñaría apacentar?». De todo corazón yo animaría y consolaría al más pequeño en el pueblo de Dios. Bien, entonces, si amo a los hermanos, amo al Hermano mayor. Si amo a los bebés, amo al Padre y sé que he pasado de muerte a vida. Hermano, llévate esta evidencia con toda su fuerza. Es conclusiva. Juan declaró: «Nosotros sabemos que hemos pasado de muerte a vida, en que amamos a los hermanos» y él no lo habría dicho de manera tan positiva si no hubiera sido así.

Hermano, nunca te contentes con consuelos sentimentales; pon firmemente tus pies sobre la roca del hecho y la verdad. La verdadera seguridad cristiana no es cuestión de suposición, sino de precisión matemática. Es capaz de prueba lógica y no se trata de rapsodia ni ficción poética. El Espíritu Santo nos ha dicho que, si amamos a los hermanos, hemos pasado de muerte a vida. Puedes darte cuenta si amas a los hermanos, como tales, por causa de su Maestro y de la verdad que hay en ellos; y, si puedes realmente decir que por tanto los amas, entonces puedes saber que tienes vida eterna.

Nuestro apóstol nos brinda esta evidencia adicional: «Este es el amor a Dios, que guardemos sus mandamientos; y sus mandamientos no son gravosos» (1 Jn. 5:3). La obediencia es la mayor prueba de amor. Si vives según tu propia voluntad y no rindes homenaje a Dios, no eres de los suyos. Si no piensas en el Señor Jesús como tu Maestro, si no reconoces las afirmaciones de Dios y si no deseas ser obediente a su voluntad, no posees vida eterna. Si deseas ser obediente y demuestras ese deseo con tus acciones,

BENDICIÓN DE PLENA SEGURIDAD

entonces tienes la vida divina dentro de ti. Juzga tú mismo. ¿Es el significado de tu vida la obediencia o la desobediencia? Por el fruto puedes probar la raíz y la sabia.

No obstante, observa que esta obediencia debe ser alegre y voluntaria. No hay duda de que algunos obedecen de mala gana los mandamientos de Dios. No son de su agrado, pero se inclinan ante ellos. Se mortifican y quejan debido a las restricciones de la piedad, y esto prueba que son hipócritas. Lo que deseas hacer, prácticamente lo haces a la vista de Dios. Si pudiera haber tal cosa como santidad obligada sobre alguien, sería impiedad. Ah, querido lector, podría ser que no cayeras en cierta clase de pecado, pero si pudieras, lo harías; tus deseos muestran quién eres realmente. He oído que personas supuestamente cristianas asisten a diversiones pecaminosas solo, como suelen decir, para disfrutar un poco de placer. Ah, bueno, ¡veamos en qué lugar se encuentran! La Biblia afirma que donde está tu tesoro también estará tu corazón. Si disfrutas los placeres del mundo, eres del mundo y con el mundo serás condenado. Si los mandamientos de Dios te son gravosos, entonces eres un rebelde de corazón. Los súbditos leales se deleitan en la ley real, «sus mandamientos no son gravosos». ¡Ojalá pudiéramos obedecer perfectamente en pensamiento, palabra y obra! Esta es nuestra visión del cielo.

> La obediencia es la mayor prueba de amor

Difícilmente podríamos deshacernos del sufrimiento si pudiéramos librarnos del pecado. Soportaríamos con alegría cualquier carga si pudiéramos vivir sin la más leve falta de omisión o comisión. Cuando estemos sin mancha, también estaremos sin aflicción. Los mandamientos de Dios no son gravosos, sino caminos de cordialidad y paz para nosotros. ¿Sientes que amas los caminos de Dios, que deseas la santidad y que la sigues con gozo? Entonces, querido amigo, tienes vida eterna, y estas son las seguras evidencias de ella. La obediencia, la santidad y el deleite en Dios nunca entran a un corazón humano sino por medio de una mano celestial. Dondequiera que se encuentran, demuestran que el Señor ha implantado vida eterna, porque son demasiado preciosas para ser enterradas en un alma muerta.

Juan procede entonces a mencionar tres testigos: «tres son los que dan testimonio en la tierra: el Espíritu, el agua y la sangre; y estos tres concuerdan» (1 Jn. 5:8).

¿Conoces al Espíritu? ¿Te ha dado vida el Espíritu de Dios, te ha cambiado, te ha iluminado, te ha santificado? ¿Mora en ti el Espíritu de Dios? ¿Sientes sus impulsos sagrados? ¿Es Él la esencia de la nueva vida dentro de ti? ¿Lo conoces como quien te viste con su luz y poder? De ser así, estas vivo para Dios.

A continuación, ¿conoces el agua, el poder purificador de la muerte de Cristo? ¿Crucificó tus pecados el Señor crucificado? ¿Se te ha aplicado el agua que te quita el poder del pecado? ¿Anhelas ahora la santidad perfecta en el temor de Dios? Esto demuestra que tienes vida eterna.

¿Conoces también la sangre? Vivimos en una época infortunada en que los seres humanos piensan muy poco en la preciosa sangre. Mi corazón se ha quebrantado, y mi propia carne se ha debilitado, al pensar en las cosas horribles que últimamente se han dicho acerca de la sangre preciosa por parte de individuos llamados ministros cristianos. Amado amigo, ¿conoces el poder de la sangre para quitar el pecado, el poder de la sangre para declarar paz a la conciencia, el poder de la sangre para dar acceso al trono de la gracia? ¿Conoces el poder vivificador, restaurador y alentador de la sangre preciosa de

BENDICIÓN DE PLENA SEGURIDAD

Cristo que se manifiesta en la Cena del Señor por medio del fruto de la vid? Entonces, en la boca de estos tres testigos se establecerá el hecho de que tienes vida eterna. Si el espíritu de Dios está en ti, Él es la garantía de tu herencia eterna. Si el agua te ha lavado, entonces le perteneces al Señor. Jesús le dijo a Pedro: «Si no te lavare, no tendrás parte conmigo» (Jn. 13:8). Pero tú estás lavado y, por tanto, eres del Señor. Si la sangre preciosa te ha limpiado de la culpa del pecado, sabes que también te ha comprado de la muerte, y es para ti garantía de vida eterna. Oro porque a partir de este momento puedas disfrutar la luz combinada de estas tres lámparas de Dios: «el Espíritu, el agua y la sangre», y así puedas tener plena seguridad de la fe.

Algo más debo observar; lee 1 Juan 5:9. El apóstol pone nuestra fe y seguridad sobre la base de que recibimos «el testimonio de Dios». Si creo ser salvo debido a esto, aquello y algo más, podría estar equivocado. La única base segura es «el testimonio de Dios». El núcleo de la fe cristiana es que tomamos a Dios al pie de la letra; y debemos aceptar esta declaración, no a causa de las probabilidades de sus afirmaciones, no debido a la evidencia confirmatoria de la ciencia y la filosofía, sino simple y llanamente porque el Señor la ha pronunciado. Muchos cristianos profesos se quedan tristemente cortos en este aspecto. Se atreven a juzgar la Palabra en lugar de inclinarse ante ella. No se sientan a los pies del Maestro, sino que se convierten ellos mismos en doctores.

Doy gracias a Dios porque creo en todo lo que Él ha declarado, sea que pueda ver o no las razones de tales declaraciones. Para mí, el hecho de que la boca del Señor lo ha dicho ocupa el lugar de todo argumento, sea a favor o en contra. Si Jehová lo dice, así es. ¿Aceptas el testimonio de Dios? Si no es así, lo has hecho mentiroso y la verdad no está en ti. Pero si has recibido «el testimonio de

Dios», entonces este es su testimonio: «que Dios nos ha dado vida eterna; y esta vida está en su Hijo» (1 Jn. 5:11). Repito, si tu fe se basa en la sabiduría humana y en la habilidad de un predicador, te fallará. Pero si se basa en la segura Palabra del Señor, permanecerá para siempre, y esto puede ser para ti una señal especial de que tienes vida eterna.

Además, Juan escribió que podemos saber que nuestra vida espiritual es eterna. Observa esto, por favor, porque hay algunos hijos de Dios que todavía no han aprendido esta esperanzadora lección. La vida de Dios en el alma no es transitoria, sino permanente; no es temporal, sino eterna. Algunos creen que la vida de Dios en el alma del creyente puede morir; sin embargo, ¿cómo entonces podría ser eterna? Si muere, no es vida eterna. Si es vida eterna, no puede morir. Soy consciente de que los engañadores modernos niegan que «eterno» signifique «eterno», pero tú y yo no hemos aprendido de ellos su manera de extraer los significados de las palabras que el Espíritu Santo utiliza. Creemos que «eterno» significa sin fin, y que no puede haber terminación para la vida eterna. Confío en que, si tengo vida eterna, viviré eternamente. Hermano mío, el Señor desea que sepamos que tenemos vida eterna.

> La vida de Dios en el alma no es transitoria, sino permanente; no es temporal, sino eterna.

Aprende pues la doctrina de la eternidad de la vida dada en el nuevo nacimiento. Debe ser vida eterna porque es la vida de Dios. Nacemos de nuevo en el Espíritu de Dios por medio de una simiente viva e incorruptible, la cual vive y mora para siempre. Se nos dice que somos «participantes de la naturaleza divina» (2 P. 1:4). Sin duda esto significa, entre otros aspectos, que recibimos una vida eterna, porque la inmortalidad es la esencia de la vida de Dios. Su nombre es «YO SOY EL QUE SOY» (Éx. 3:14). Él tiene vida en sí mismo, y el Hijo tiene vida en sí mismo, y nosotros somos los receptores de esta vida. Este fue el propósito de Dios con relación a su Hijo: que pudiera dar vida eterna a todos los que el Padre le había dado. Si es la vida de Dios la que está en un creyente (y ciertamente lo es, porque nos ha engendrado de nuevo), entonces esa vida debe ser eterna. Como hijos de Dios participamos de su vida y como herederos de Dios heredamos su eternidad. «Esta es la vida eterna: que te conozcan a ti, el único Dios verdadero, y a Jesucristo, a quien has enviado» (Jn. 17:3).

Amado, nuestro Señor Jesucristo llama vida eterna a la vida de su pueblo. ¡Cuán a menudo cito este texto! Parece estar en la punta de mi lengua: «Yo les doy vida eterna; y no perecerán jamás, ni nadie las arrebatará de mi mano» (Jn. 10:28). Y nuevamente: «El que cree en el Hijo tiene vida eterna» (Jn. 3:36). No se trata de vida temporal, no es vida que en cierto período debe envejecer y morir, sino que es vida eterna. Esta es la vida de Cristo dentro del alma. «Porque habéis muerto, y vuestra vida está escondida con Cristo en Dios» (Col. 3:3). «Ya no vivo yo, mas vive Cristo en mí» (Gá. 2:20). Si nuestra vida es la vida de Cristo, no moriremos a menos que Cristo muera. Si nuestra vida está escondida en Él, nunca será descubierta ni destruida a menos que Cristo mismo sea destruido. Descansemos en esto.

Observa de nuevo cómo lo ha declarado nuestro Señor: «Como yo vivo, también vivirás» (véase Jn. 6:57). Entonces, mientras Jesús viva, su pueblo debe vivir, porque el argumento siempre será el mismo: «Como yo vivo, también vivirás». Somos tan uno con Cristo que, mientras la cabeza viva, los miembros no pueden morir. Somos tan uno con Cristo que se presenta el desafío: «¿Quién nos separará del amor de Cristo?» (Ro. 8:35). Como respuesta se añade una lista de cosas que se suponen que separan, pero se nos informa que no pueden hacerlo, porque «en todas estas cosas somos más que vencedores por medio de aquel que nos amó» (v. 37). ¿No está claro entonces que estamos vivificados con una vida tan celestial y divina que no podemos morir?

Amado, te suplico que te aferres con fuerza y firmeza a esta bendita doctrina de la perseverancia de los santos. ¡Con qué fervor anhelo que «sepas que tienes vida eterna»! Elimina tu doctrina de hoy estar vivo en Cristo y muerto mañana. ¡Pobre y miserable doctrina esa! Aférrate a la salvación eterna a través del pacto eterno realizado por el amor eterno para vida eterna.

> Tienes la leche de la fe, ¡pero Dios desea que tengas también la crema de la seguridad! Él aumentará tu fe para que creas más ampliamente.

Porque el Espíritu de Dios ha escrito estas cosas «a vosotros que creéis en el nombre del Hijo de Dios, para que sepáis que tenéis vida eterna».

Repito, Juan deseaba el aumento y la confirmación de la fe de sus lectores. Por lo que declaró: «Para que creáis en el nombre del Hijo de Dios» (1 Jn. 5:13). Juan escribió a quienes creían, a fin de que creyeran en un sentido más enfático. Así como nuestro Salvador ha venido no solo para que tengamos vida, sino para que la tengamos en mayor abundancia, así también Juan escribe que, aunque tengamos fe, podamos tener más de ella. Ven, amado, ¡escucha esto por un momento! Tienes la leche de la fe, ¡pero Dios desea que tengas también la crema de la seguridad! Él aumentará tu fe para que creas más ampliamente.

Tal vez no creas toda la verdad porque todavía no la has per-

BENDICIÓN DE PLENA SEGURIDAD

cibido. La iglesia en Corinto contaba con miembros que no habían creído en la resurrección de los muertos, y había gálatas que estaban muy confundidos acerca de la justificación por fe. Muchos cristianos están limitados en el rango de su fe por ignorar la mente del Señor. Al igual que ciertas tribus de Israel, hasta ahora han conquistado un territorio escaso, aunque les pertenece toda la tierra desde Dan hasta Beerseba. Juan quiere que eliminemos nuestros obstáculos y aumentemos el recinto de nuestra fe. Creamos todo lo que Dios ha revelado, porque toda verdad es preciosa y útil en la práctica. De pronto, tu creencia doctrinal ha sido insuficiente y corta. Ah, ¡que el Señor convierta el agua en vino! Muchos cristianos viven tomando leche, pero sus años como creyentes los califican para alimentarse de carne. ¿Por qué mantener una dieta de bebés? A todo lo largo de la revelación de Dios se nos exhorta a los creyentes a entrar y salir, y hallar pastos (véase Jn. 10:9).

Sería bueno para nosotros que nuestra fe también aumentara en forma intensa. ¡Que podamos tener seguridad más plena en lo que creemos! Necesitamos una visión más profunda y una convicción más firme. No creemos a medias, todavía, ninguno de nosotros. Muchos tratan superficialmente la verdad. Bendita es el ala que toque la superficie del río de la vida, pero infinitamente más bendito es sumergirse en sus profundidades. Este es el deseo de Juan para nosotros, que creamos con todo el corazón, con toda el alma y con todas las fuerzas.

El apóstol quiere que creamos con mayor constancia, de modo que podamos declarar: «Mi corazón está firme, oh Dios, mi corazón está firme: cantaré y alabaré». No siempre ocurre así con nosotros. A veces nos acobardamos. Hoy nos hacemos los hombres y mañana somos ratones. Señor, ten misericordia de nosotros; somos incongruentes y cambiantes como el viento. El anhelo divino es que permanezcamos siempre en Dios con confianza fuerte y poderosa, arraigados y edificados en Él. El Señor quiere que confiemos con valentía. Hay quienes creen en una escala muy pequeña respecto a cosas pequeñas. ¡Ojalá tuviéramos una confianza ilimitada en el Dios infinito! Necesitamos más de una fe de aventura: la fe para hacer y atrevernos. A menudo vemos el camino del poder, pero no tenemos la fe que esté a su altura. ¡Veamos a Pedro caminando sobre el mar! No aconsejo que lo intentemos; y tampoco nuestro Señor le sugirió a Pedro que lo hiciera. Nos va bastante bien si caminamos erguidos sobre el suelo. Después de dar unos cuantos pasos sobre las aguas, Pedro debió haber sabido que su Señor podía ayudarlo el resto del camino; pero, ¡ay!, su fe falló y comenzó a hundirse. Pedro pudo haber recorrido todo el trayecto hasta Jesús si hubiera creído. Así mismo ocurre con nosotros: nuestra fe es bastante buena para arrancar, pero le falta poder para perseverar. ¡Oh!, que Dios nos haga creer para que no solo tropecemos con una o dos olas, sino que caminemos sobre el agua hasta el final. Si el Señor nos lo ordena, podemos pasar por el fuego sin ser quemados, por diluvios sin ahogarnos. Que el Señor obre en nosotros una fe intrépida, despreocupada y conquistadora.

También necesitamos que nuestra fe aumente en el sentido de que se vuelva más práctica. Hay quienes tienen una fe nueva y bonita, tan hermosa como el reluciente atizador en la sala, ¡y tan inútil! Queremos una fe cotidiana, no para mirarla sino para usarla. Hermanos y hermanas, necesitamos fe para la cocina y la despensa,

BENDICIÓN DE PLENA SEGURIDAD

así como para la sala y el invernadero. Necesitamos una fe de taller, así como una fe de reunión de oración. Necesitamos fe para las cosas comunes de la vida y también para los asuntos difíciles de la muerte. Podríamos pintar con menos pintura si tuviéramos más poder. Necesitamos menos barniz y más verdad. Que Dios nos conceda que podamos creer en el nombre del Hijo de Dios con una fe sólida y sensata que sea usable, lavable y practicable a lo largo de toda la vida.

Debemos creer con más alegría. ¡Qué bendición sería que alcanzáramos el descanso y el gozo de la fe! Si creyéramos realmente en la promesa de Dios y reposáramos en el cumplimiento seguro de ella, podríamos ser tan felices como los ángeles. Observo cómo muy temprano en la mañana las aves empiezan a trinar. Antes que el sol salga, o incluso que las primeras tonalidades grises de la mañana sean visibles, los pequeños concertistas están despiertos y cantando. Con demasiada frecuencia nos negamos a cantar hasta que el sol se encuentre más que en lo alto y el mediodía esté cerca. ¡Qué vergüenza! ¿No confiaremos nunca en nuestro Dios? ¿Nunca lo alabaremos por los favores venideros? Ah, ¡que tuviéramos una fe que pueda cantar toda la noche y a través del invierno! La fe que puede vivir de una promesa es la fe de los elegidos de Dios. Nunca disfrutaremos debajo del cielo a menos que creamos sin vacilar. Que el Señor nos conceda tal fe.

IR TRAS EL PROPÓSITO DE JUAN

Hermano o hermana, tratemos de averiguar si Juan quería que supiéramos que tenemos vida eterna. La Palabra de Dios se escribió con este propósito; utilicémosla para su debido fin. Todas estas Escrituras fueron escritas «para que creáis que Jesús es el Cristo, el

Hijo de Dios, y para que creyendo, tengáis vida en su nombre» (Jn. 20:31). Este libro se escribió para nosotros que creemos, para que sepamos que creemos. ¿Permitiremos que nuestras biblias sean un fracaso para nosotros? ¿Viviremos en perpetuo cuestionamiento y duda? Si es así, el Libro no nos ha dado en el blanco.

La Biblia se nos envió para que tengamos seguridad plena de que poseemos vida eterna. Por tanto, no fantaseemos con que sería presuntuoso de nuestra parte aspirar a tenerla. Nuestra conciencia nos dice que debemos buscar la plena seguridad de la salvación. No puede ser correcto que seamos hijos de Dios y no conozcamos a nuestro propio Padre. ¿Cómo podemos arrodillarnos y declarar: «Padre nuestro que estás en los cielos», cuando no sabemos si Él es nuestro Padre o no? ¿No tenderá a ser de falsedad una vida de duda? ¿Estaremos usando un lenguaje que no sea fiel a nuestra conciencia? ¿Podemos cantar alegres himnos que temamos que no sean ciertos para nosotros? ¿Nos uniríamos en adoración cuando nuestro corazón no sabe que Dios es nuestro Dios? A menos que el Espíritu de adopción nos permita clamar: «¡Abba, Padre!», ¿dónde está nuestro amor a Dios? ¿Podemos reposar? ¿Nos atrevemos a descansar mientras nos cuestionemos si somos salvos o no? ¿Podemos ir a casa a cenar hoy y disfrutar la comida mientras cuestionamos que haya vida eterna para nuestra alma? Oh, ¡no seamos tan temerarios para correr riesgos al respecto!

Oro porque trabajes para la eternidad. Si dejas algo en incertidumbre, que se relacione con tu cuerpo o con tus bienes, pero no con tu alma. Tu conciencia te pide que trates de saber que tienes vida eterna, porque sin este conocimiento será imposible cumplir con muchos deberes. Varias Escrituras que no puedo citar aquí nos incitan a este deber. ¿No se te pide que asegures tu llamado y decisión? ¿No se te exhorta mil veces a regocijarte en el Señor y

BENDICIÓN DE PLENA SEGURIDAD

agradecer continuamente? Sin embargo, ¿cómo podemos regocijarnos si nos asalta la lóbrega sospecha de que tal vez, después de todo, no tenemos la vida de Dios? Debemos resolver esta cuestión, o no podremos descansar en el Señor y esperarlo pacientemente. Ven, mi hermano o mi hermana, te ruego que, a medida que sigues las Escrituras y obedeces los preceptos del Señor, obtengas la seguridad sin la cual no puedes obedecerlos.

Escucha, mientras termino, este cúmulo de razones por las que cada creyente debe tratar de saber que tiene vida eterna. Aquí las tienes. La seguridad de tu salvación te traerá «la paz de Dios, que sobrepasa todo entendimiento» (Fil. 4:7). Si sabes que eres salvo, puedes sentarte en medio de la pobreza o la enfermedad, o bajo calumnia, y sentirte perfectamente feliz. La seguridad plena es el diamante Koh-i-Noor entre las joyas con las que el Novio celestial adorna a su esposa. La seguridad es una montaña de especias, una tierra de la que fluye leche y miel. Ser el seguro poseedor de vida eterna es encontrar un paraíso debajo de las estrellas, donde los montes y las colinas se abren paso cantando ante ti.

> Ser el seguro poseedor de vida eterna es encontrar un paraíso debajo de las estrellas, donde los montes y las colinas se abren paso cantando ante ti.

La seguridad plena a veces se desbordará en cataratas de deleite. La paz fluye como un río, y aquí y allá salta en cascadas de eufórico gozo. Hay temporadas en que la planta de la paz está en flor, y luego derrama un perfume como de mirra y canela china. Oh, ¡qué bendición la del individuo que sabe que tiene vida eterna! A veces, a solas en nuestra habitación, cuando hemos estado disfrutando esta seguridad, hemos reído a carcajadas, porque no podíamos evitarlo. Si alguien hubiera preguntado por qué reíamos solos, podríamos haber explicado que no era nada ridículo que nos había tocado, sino que nuestra boca se llenaba de risa porque el Señor había hecho grandes cosas por nosotros, de las cuales nos alegrábamos. El hijo de Dios que es consciente de que tiene vida eterna va a la escuela, pero tiene muchas vacaciones y anticipa ese día de regreso a casa en que verá el rostro de su Amado para siempre.

Hermano, la seguridad plena nos dará el resultado completo del evangelio. El evangelio debe hacernos santos, y así será cuando lo poseamos plenamente. El evangelio debe hacer que nos separemos del mundo; debe hacernos llevar una vida celestial aquí abajo, y así será si bebemos grandes sorbos de ella. Pero si tomamos solo un sorbo de vez en cuando, no le damos la oportunidad de llevar a cabo su diseño en nosotros. No rememos por la orilla del agua de la vida, sino metámonos primero hasta las rodillas para luego sumergirnos en las aguas y nadar en ellas. Cuidémonos de contentarnos con una gracia superficial. Probemos lo que la gracia de Dios puede hacer por nosotros entregándonos a su poder.

La seguridad plena da a una persona un celo agradecido por el Dios que ama. Un individuo de estos iría al Congo por Jesús, porque sabe que le pertenece. Es alguien que da todo por Cristo, porque Cristo les pertenece. Soporta escarnios, vergüenza y declaraciones falsas por el bien de la verdad, porque sabe que es poseedor de vida eterna. Es aquel que sigue predicando y enseñando, esforzándose y trabajando, porque sabe que de él es el reino de los cielos. Los seres humanos harán poco por aquello de lo cual dudan, y mucho por aquello en que creen. Si has perdido tu título de propiedad y no sabes si tu casa te pertenece o no, no vas a gastar mucho dinero en reparaciones y ampliaciones. Cuando sabes que el cielo es tuyo,

BENDICIÓN DE PLENA SEGURIDAD

te preparas ansiosamente para él. La seguridad plena encuentra combustible para que el celo se alimente.

Esto también crea y sustenta paciencia. Cuando sabemos que tenemos vida eterna, no nos angustiamos por las pruebas de esta vida pasajera. Podría señalar a hermanos aquí en esta oportunidad y podría mencionar a hermanas en casa, que me asombran con su resistencia al dolor y las aflicciones. Sé esto con relación a ellos: que nunca han dudado del interés que tienen en Cristo. Por esta causa pueden rendirse a esas manos amadas que fueron perforadas por ellos. Saben que le pertenecen al Señor, y por eso declaran: «Que Él haga lo que bien le parezca».

Esto, querido amigo, te dará firmeza constante en tu confesión de la verdad divina. Si no sabes si eres salvo o no, espero que el Señor te impida negar la fe. Pero si estás firmemente agarrado, sé que nunca te soltarás. Si sabemos lo que por gracia se ha obrado en nosotros y conocemos con seguridad el poder sustentador de esa gracia, no pueden vencernos. El individuo plenamente convencido desconcierta al mismo diablo. Satanás es bastante astuto, pero quienes lo conocen y están persuadidos son aves que él no puede agarrar en las trampas del infierno. Cuando sabes que tu Señor es capaz de cumplir su compromiso pase lo que pase, entonces estás firme como una roca. Dios cumplirá su palabra.

Querido hermano, esto es lo que te permitirá dar un testimonio revelador para tu Señor. No sirve de nada pararse a predicar cosas que pueden ser ciertas o no. Me acusan de ser un terrible dogmático,

> Cuando sabes que tu Señor es capaz de cumplir su compromiso pase lo que pase, entonces estás firme como una roca.

y no estoy ansioso por disculparme. Cuando una persona no está muy segura de algo, se vuelve muy liberal. Cualquiera puede ser liberal con un dinero que no puede reclamar como propio. El individuo de criterio amplio afirma: «No estoy seguro y no supongo que tú lo estés, porque en realidad nada es seguro». ¿Te parece bien esta base arenosa? Prefiero la roca. Lo que he hablado desde mi juventud lo he demostrado y probado, y esto me da convencimiento absoluto, pues me lo ha confirmado la experiencia personal. He probado esta verdad; me ha brindado salvación, y no puedo ponerla en tela de duda.

Soy hombre perdido si el evangelio que he predicado no resulta ser cierto; y me atendré a lo que me depare el día del juicio. No predico ambigüedades, porque no vivo ambiguamente. Sé que lo que he predicado es verdad; ¿por qué habría de hablar si no estuviera seguro? Si quieres hacer valer tu propio testimonio en una época como esta, debes estar seguro de lo que tienes que decir; y, a menos que estés seguro al respecto, te aconsejo que contengas la lengua. No necesitamos más cuestionamientos; el mercado está sobrecargado. No necesitamos más dudas, sinceras o no; el aire ya está viciado con ellas.

Hermano, si sabes que tienes vida eterna, estás preparado tanto para vivir como para morir. ¡Con cuánta frecuencia me pongo junto al lecho de miembros moribundos de nuestra iglesia! De vez en cuando me digo: «Algún día me toparé con algún miedoso. Sin duda me encontraré con un hijo de Dios que esté muriendo en tinieblas». Pero no me he topado con ninguno. Hermano, un hijo de Dios podría morir en la oscuridad. Alguien le dijo al anciano señor Dodd, el pintoresco puritano: «¡Qué triste que nuestro hermano haya fallecido en la oscuridad! ¿Duda usted de la seguridad de él?». «No», contestó el anciano señor Dodd, «no más de lo que dudo de la seguridad de Aquel que exclamó cuando estaba muriendo: "Dios mío, Dios mío, ¿por qué me has desamparado?"». La seguridad plena, como ya hemos dicho, no es la esencia de la salvación. Sin embargo, te ruego que observes que, a lo largo de todos estos muchos años, en cada caso, cuando he ido a visitar a algún hermano o alguna hermana en su lecho de muerte, siempre he descubierto que partieron con la esperanza segura y cierta de que verán el rostro de su Señor en gloria. Me he maravillado de que esto sea así sin excepción y me glorío en ello. A menudo me han declarado: «Nos hemos nutrido con tan buen alimento que podemos estar bien fuertes en el Señor». ¡Que Dios te conceda esta seguridad! Ojalá los pecadores empezaran a creer en Jesús y los santos creyeran con más firmeza, ¡por Cristo! Amén.

Agradecimientos

AL IGUAL QUE con cualquier proyecto escrito, este libro no se habría completado sin el sacrificio y apoyo de muchas personas. Sigo teniendo una profunda deuda con cada una de ellas.

En el ámbito personal, mi vida y ministerio se optimizan y enriquecen por las oraciones y el ánimo de mi familia. Dios me ha dado mi esposa Karen y mis hijos, Anne-Marie, Caroline, William, Alden y Elizabeth, quienes me bendicen de manera incalculable. A cada uno de ustedes los amo de manera incondicional e infinita más de lo que jamás sabrán.

En el ámbito institucional, mis colegas y el personal de oficina son una fuente invaluable de apoyo y entusiasmo. Estoy especialmente agradecido con Tyler Sykora, Dawn Philbrick, Lauren Hanssen y Justin Love. También agradezco a Russ Meek, quien ha prestado una gran ayuda editorial. Es un placer servir con cada una de estas personas que realizan sus tareas diarias con mucha amabilidad y competencia. Gracias.

Estoy agradecido con el equipo de Moody Publishers y, en especial, con Drew Dyck y Allan Sholes. Gracias por creer en este proyecto y por trabajar conmigo para llevarlo a cabo.

Por último y, sobre todo, estoy en deuda con mi Señor y Salvador, Jesucristo. Como con cualquier otra iniciativa ministerial, nada de esto habría sido posible sin su gracia, su llamado y su autorización. Que este libro, y todo lo que hago, le traiga mucha gloria.